DIRE, NE PAS DIRE

VOLUME 2

ACADÉMIE FRANÇAISE

DIRE, NE PAS DIRE

du bon usage de la langue française

VOLUME 2

Rédaction par la Commission du Dictionnaire
avec la participation du Service du Dictionnaire

Préface de Yves Pouliquen
Postface de Dominique Fernandez

Philippe Rey

Toutes les entrées du présent ouvrage sont extraites du site *Dire, ne pas dire*
consultable à l'adresse suivante sur le site de l'Académie française :
www.academie-francaise.fr/dire-ne-pas-dire

Conception graphique : Plaisirs de myope

PRÉFACE

L'Académie française revient vers vous, fidèles lecteurs qui fîtes de la première édition de *Dire, ne pas dire* un grand succès, démontrant ainsi que notre Compagnie savait répondre à l'inquiétude que suscitent jour après jour les atteintes à notre belle langue. L'accueil reçu par la version imprimée de *Dire, ne pas dire* fut tout aussi enthousiaste que celui que les internautes ont réservé, depuis sa création, à la rubrique du même titre sur le site de notre Académie. Mais vous aviez le souhait de conserver la possibilité de lire et de relire, seuls ou en groupe, les remarques qu'attirent les usages fautifs, les extensions de sens abusives, les contresens, les tortures de mots, les fautes grammaticales, répandus à foison par certains médias peu soucieux de correction langagière ; les expressions douteuses également rencontrées dans la presse écrite et dans la presse orale, et trop souvent colportées par un public passif, voire sciemment fautif. L'Académie ne veut pas s'ériger en censeur car elle est consciente que notre langue est vivante et soumise au troublant contexte de la mondialisation, mais elle se doit de rester fidèle à sa mission, qui est d'indiquer le bon usage. Elle s'inquiète de ce que, à ignorer la grammaire, on en vienne à perdre les accents, les accords, les liaisons, voire à oublier ou confondre le sens des mots. Et que dire des anglicismes, souvent de piètre facture, semés çà et là dans une conversation qui se veut représentative de l'instant, du milieu que l'on fréquente? On en sourit la plupart du temps. Les éditoriaux des revues féminines nous en offrent les plus saugrenus exemples en substituant au nom *mode,* si concis et si emblématique d'une grande tradition française, le mot *fashion,* dont on pourrait croire què l'on ne pourrait vivre sans lui: une «fashion week», «être une fashion victim», voire une «fashion addict», profiter d'une «solaire fashion». Nous pourrions en sourire, certes, si d'autres causes, beaucoup plus graves, n'entretenaient ce mal français. Est-il interdit de s'interroger sur les raisons d'un illettrisme condamnant plus d'un adolescent sur dix à ânonner des textes sans en comprendre le sens? Peut-on s'étonner du peu d'intérêt manifesté par nos enfants pour le vocabulaire et pour la grammaire lorsque l'orthographe n'apparaît plus essentielle aux correcteurs des copies du baccalauréat, et lorsque l'effort qu'exige l'étude de notre langue et de ses sources grecques et latines paraît superflu? Lorsque la mémoire ne garde plus la trace d'aucun poème? Sans doute saura-t-on nous répondre que la manière de préparer des femmes et des hommes au monde qui les attend nécessite une adaptation permanente aux mouvements de celui-ci, qui, en trente ans, a plus changé que pendant tout le siècle précédent. Ne nous dira-t-on pas aussi que la question se pose depuis longtemps et que déjà, en 1927, Étienne Le Gal écrivait dans la préface de son livre *Ne confondez pas*: «On ne sait plus le sens des mots. On ne prend plus le temps de choisir le mot juste et on emploie les termes avec négligence et ignorance. Il est à peine besoin de souligner les conséquences néfastes. Notre belle langue française est menacée dans ses qualités maîtresses : précision, clarté, logique, force, justesse. Son avenir est compromis, et avec lui l'avenir de notre pensée. »

Nul ne contestera que quatre-vingt-dix ans plus tard la langue française conserve les qualités qu'il évoque et que, en dépit du pessimisme que professait cet auteur, la pratique de notre langue ne s'est pas modifiée de façon irréversible.

Certes on la malmène souvent ; nos interlocuteurs le soulignent et s'en inquiètent. Toutefois restons optimistes. Deux raisons nous y engagent : l'intérêt que nos concitoyens portent à notre langue et à sa bonne pratique, ce dont témoigne un dialogue permanent avec nos correspondants, et celui que lui manifeste l'immense cohorte des francophones (ils sont très nombreux à consulter notre site) qui font du français qu'ils ont appris une langue si pure et si belle qu'on en pourrait être jaloux. J'en fus le témoin à Shanghai en 2010 lorsque, désigné par l'Assemblée nationale pour représenter la France dans le cadre de la Francophonie, j'eus la joie de constater que, de toutes les parties du monde, on s'exprimait souvent dans un français digne de celui des bords de la Loire, celui-là même dont on vanta longtemps la pureté.

Yves Pouliquen

A

ABONDER

L'emploi transitif de ce verbe doit être strictement limité au domaine de la comptabilité. *On abonde un compte, un budget, un fonds,* on l'approvisionne en argent, on le crédite.

On évitera tout emploi figuré comme *Abonder un dossier, un projet, abonder le débat,* pour dire le *nourrir, l'enrichir* ou, par une image usuelle, l'*alimenter*.

ABRÉVIATION DES ADJECTIFS NUMÉRAUX

L'abréviation des adjectifs numéraux est souvent source d'erreurs. Ces abréviations sont parfois allongées, sans doute par volonté de bien faire et par souci de lisibilité, plus qu'il n'est nécessaire. Rappelons donc que premier et première s'abrègent en 1er et 1re, que second et seconde s'abrègent en 2^d et 2de, et que toutes les autres formes s'abrègent en ^{e} : 3e, 5e, 100e, etc. Ces adjectifs numéraux ordinaux peuvent tous prendre la marque du pluriel et, dans ce cas, on ajoutera un *s* dans l'abréviation : « Les 2es Jeux olympiques d'été eurent lieu à Paris en 1900. »

La Ire et la II^{de} République

La classe de 2^{de}

La 8e femme de Barbe-bleue

La Ière et la II^{nde} République

La classe de 2nde

La 8ème femme de Barbe-bleue

ABRÉVIATIONS ET MOTS ANGLAIS À VALEUR SUPERLATIVE

L'habitude s'est développée, à l'imitation des emplois familiers de l'anglo-américain, d'employer, pour exprimer son enthousiasme ou son admiration, des abréviations comme *super, hyper, génial, méga, géant* (ou son équivalent anglais *great*). Les publicitaires accolent les mots anglais *top* et *must* à tous les produits qu'ils vantent.

Cette accumulation de tournures exclamatives et d'abréviations est tout à fait contraire à l'esprit de précision de la langue française. Le bon usage veut qu'on fasse appel à des superlatifs comme *très beau, très bien, le meilleur, le plus grand*, etc., à des adjectifs comme *incomparable, inégalable*, etc., ou que l'on ait recours aux mots *excellence, exception, perfection* et aux adjectifs correspondants.

ACCIDENTOLOGIE

Le nom *accidentologie* est formé à l'aide d'*accident* et du très productif suffixe -*logie,* tiré du grec *logos,* désignant une étude, une science. L'*accidentologie* est l'étude, dans ses différents aspects, des accidents de la circulation. On ne doit donc pas donner à ce nom le sens restreint de « statistiques concernant les accidents ». On évitera également la tendance actuelle qui consiste à en faire un synonyme pompeux d'« accident ».

ON DIT	ON NE DIT PAS
Il y a de nombreux accidents sur cette route	Il y a une forte accidentologie sur cette route
Les statistiques de cette région en matière d'accidents sont mauvaises	L'accidentologie de cette région est mauvaise

ADHÉSION POUR ADHÉRENCE

Adhésion et *adhérence* ont la même origine : ils remontent tous deux au latin *adhaerere,* « être attaché à », verbe de la même famille que le substantif *hedera,* dont est issu le français *lierre,* cette plante grimpante munie de petits crampons qui lui permettent de se fixer solidement sur les troncs, les murs, etc. Les sens de ces deux substantifs sont néanmoins distincts : *adhésion* concerne les personnes et désigne le fait d'adhérer à un groupe, à une organisation ou, par extension, d'approuver telle ou telle idée, alors qu'*adhérence* concerne les choses et désigne la liaison étroite entre deux corps solides.

ON DIT	ON NE DIT PAS
Emporter l'adhésion	Emporter l'adhérence
Donner son adhésion à un projet	Donner son adhérence à un projet
Ce pneu n'a qu'une faible adhérence au sol	Ce pneu n'a qu'une faible adhésion au sol

ADRESSER AU SENS D'ABORDER

Le nom anglais *address* a, entre autres sens, celui d'« abord ». *A man of good address* désigne un homme à l'abord distingué. Le sens correspondant du verbe *to address* est celui d'« aborder (une personne) ». Par extension, ce verbe anglais admet un complément d'objet inanimé et s'emploie pour évoquer un sujet, un point qu'on vient à traiter. Bien que ce soit le français *adresser* qui se trouve être à l'origine du verbe anglais, il n'a jamais eu cette signification particulière, propre à l'anglais. On se gardera donc bien de confondre les sens des verbes anglais et français, et l'on préférera le verbe *aborder* qui, lui, admet des compléments d'objet animés et inanimés, comme dans « aborder un passant », « aborder un rivage », « aborder un sujet difficile ».

ON DIT

Aborder un problème,
une question

ON NE DIT PAS

Adresser un problème,
une question

AFFABULATION AU SENS DE FABULATION

Le nom *affabulation* a d'abord désigné le sens moral d'une fable, d'un apologue, puis la trame d'un récit, d'une pièce de théâtre et enfin, par extension, la construction de l'intrigue dans une œuvre de fiction ; ces deux derniers sens sont les seuls encore en usage aujourd'hui. Avec l'article défini élidé « l' », *affabulation* forme un groupe nominal, *l'affabulation,* qui est l'homophone d'un autre groupe nominal dans lequel entre cette fois-ci l'article défini non élidé « la » : *la fabulation.* On se gardera de confondre *affabulation* et *fabulation,* cette dernière étant la tendance, parfois pathologique, à présenter comme vrais des récits imaginaires, et l'on fera de même pour les deux verbes correspondants, *affabuler* et *fabuler*.

ON DIT	ON NE DIT PAS
Toute cette histoire n'est que mensonges et fabulations	Toute cette histoire n'est que mensonges et affabulations
Il ne cesse de fabuler	Il ne cesse d'affabuler
Voici en deux mots l'affabulation de ce roman	Voici en deux mots la fabulation de ce roman

À L'INTERNATIONAL

À l'international est une formule elliptique en usage dans la langue du commerce : *prospective, travail, mobilité à l'international*.

Cette construction s'étend abusivement. *À l'international* est trop souvent employé pour *à l'étranger. Un billet de train valable en France et à l'international. Qu'en dit-on à l'international ? Quelles sont les réactions à l'international ?*

On emploie également *à l'international* pour évoquer les relations entre États. On préférera parler des *nouvelles* ou des *analyses de politique étrangère* que des *nouvelles* ou des *analyses à l'international*. On dira :

Il en va ainsi dans les relations entre États, ou *dans les relations inter-nationales,* plutôt que : *Il en va ainsi à l'international.*

※

APURER

Ce verbe appartient au vocabulaire des finances et de l'économie. *On apure les comptes d'une société,* on en établit l'exactitude après vérification. *On apure une créance, une dette.* On évitera de l'étendre à des emplois figurés, où il peut par ailleurs se confondre avec le verbe *épurer.*

※

LES ARCANES MYSTÉRIEUSES DE LA SCIENCE

Arcane est emprunté du latin *arcanum,* « secret », lui-même dérivé de *arca,* qui désigne un « coffre » et, en latin chrétien, une « arche ». *Arcane,* aujourd'hui, s'emploie surtout au pluriel et, en français, le genre des déterminants (articles, adjectifs possessifs ou démonstratifs) disparaît au pluriel : *le, la, mon, ma, ce* ou *cette* indiquent le genre du nom qu'ils déterminent, indication qui s'évanouit dans *les, mes* ou *ces.* À cela s'ajoute le fait que nombre de substantifs en *-ane,* à l'exception de ceux qui appartiennent au domaine de la chimie, sont féminins (*cabane, tisane, banane, membrane*, etc.). L'existence de la forme paronymique féminine *arcade* contribue sans doute, elle aussi, à la confusion des genres. Autant de raisons qui font que l'on croit, trop souvent et à tort, qu'*arcane* est un nom féminin.

ON DIT	ON NE DIT PAS
Les arcanes mystérieux de la science	Les arcanes mystérieuses de la science
Dans les profonds arcanes de son âme	Dans les profondes arcanes de son âme

ASAP

Asap est l'abréviation de *as soon as possible,* « dès que possible ». Cette abréviation, qui est loin d'être transparente, semble cumuler la plupart des vices d'une langue qui cache son caractère méprisant et comminatoire sous les oripeaux d'une modernité de pacotille. L'emploi de formes françaises développées serait plus pertinent et n'aurait pas ce désagréable caractère d'injonction. Et il y a fort à parier que le caractère d'urgence d'une requête pourrait être marqué avec plus d'urbanité et que la réponse ne tarderait pas plus.

ON DIT	ON NE DIT PAS
Répondre dès que possible	Répondre asap
À retourner dès que vous pourrez	À retourner asap

À SIX HEURES DE L'APRÈS-MIDI, DU SOIR

Midi et demi, trois heures de l'après-midi, dix heures du soir : telle est la manière traditionnelle, simple et précise d'annoncer l'heure lorsque midi est passé.

Réservons aux circonstances où elles sont rendues nécessaires par des nécessités pratiques les administratives formules chiffrées *12 heures 30, 15 heures, 22 heures. Midi* dit plus que *12 heures.*

ASSUMER

Ce verbe signifie en français prendre sur soi, prendre à son compte. *On assume une charge, des frais, un risque. Assumer son erreur, ses actes,* c'est *en assumer la responsabilité,* c'est-à-dire en accepter les conséquences. On peut aussi *assumer ses limites,* les reconnaître pour ce qu'elles sont.

Depuis quelque temps, une confusion avec l'anglais *to assume* fait que l'on donne à *assumer* le sens de présumer, supposer, croire. *J'assume que la proposition est valide, que la vérité se saura.* De manière tout aussi vague, *assumer* est parfois utilisé à la place d'*adopter, afficher – Il assume un air désinvolte –* ou d'*acquérir, prendre – Le problème assume de nouvelles proportions.*

On veillera à n'employer *assumer* que dans son sens exact.

AU CAS OÙ TU SERAS

Les locutions conjonctives *au cas où* et *dans le cas où,* qui introduisent une proposition subordonnée hypothétique, se sont largement substituées aux formes littéraires et vieillissantes, mais cependant toujours correctes, *en cas que, au cas que.* Ces dernières introduisent un verbe au subjonctif : *En cas qu'il vienne, tenez-vous prêts. Au cas où* et *dans le cas où,* bien qu'ayant le même sens, commandent, elles, le conditionnel : on veillera donc à ne les faire suivre ni d'un verbe au subjonctif ni d'un verbe à l'indicatif, serait-ce un indicatif futur.

ON DIT

Au cas où une complication se produirait, appelez-moi

Au cas où tu serais malade...

ON NE DIT PAS

Au cas où une complication se produise, appelez-moi

Au cas où tu seras malade...

B

BASHING

Le nom *bashing,* attesté depuis la première moitié du xviiie siècle en anglais, connaît un engouement récent en français, notamment dans les médias qui n'ont de cesse d'évoquer le « bashing » de telle ou telle personnalité, de telle ou telle chose. Notons également que l'antéposition du complément (*Hollande bashing, body bashing*) est une construction qui ne correspond pas au génie de notre langue. En anglais, le nom *bashing* signifie « volée de coups », puis « insulte, attaque verbale », et est dérivé du verbe *to bash,* « frapper », « cogner », « houspiller ». Le français a à sa disposition de nombreux termes équivalents comme *attaque, éreintage, dénigrement, lynchage, persiflage* ou, dans une langue plus familière, *démolissage* et bien d'autres encore.

On peut aussi songer à *acharnement,* qui appartient d'abord au vocabulaire de la vénerie et dont le premier sens est « action de donner le goût du sang », et qui, dans le dressage des chiens, précédait l'attaque en meute. Ce terme paraît convenir parfaitement pour désigner un ensemble d'attaques venant de toutes parts sans discernement.

ON DIT	ON NE DIT PAS
Dénigrement de son corps	Body bashing
L'éreintement d'Untel, l'acharnement contre Untel	Untel bashing

BLEU MOURANT ET AUTRES COULEURS

Plusieurs variétés de saxifrage sont parfois appelées le *désespoir du peintre*, en raison de la difficulté de reproduire la multitude des petites fleurs qu'elles offrent au regard ou au pinceau. Les noms de couleurs peuvent être le désespoir du traducteur. D'une langue à l'autre il est souvent difficile de trouver le mot ou l'expression qui rendra telle ou telle nuance. Ainsi, les langues de l'Antiquité semblaient, beaucoup plus que les langues actuelles, porter une très grande attention à l'éclat des couleurs plus qu'aux couleurs elles-mêmes. Tant et si bien que l'on s'est demandé si des noms de couleurs, quoique très éloignées les unes des autres, telles que le *bleu*, le *blanc*, l'anglais *black* (« noir »), le latin *flavus* (« blond »), ne dérivaient pas d'une même racine indo-européenne *bhel-*, signifiant « briller », que l'on retrouve, entre autres, dans l'allemand *blinken,* « briller », le latin *flagrare,* « être en feu », ou le grec *phlox,* « flamme ».

Et comment rendre, par exemple, dans d'autres langues, les différentes nuances qu'énonce Colbert en 1669 dans l'*Instruction pour les teintures,* où les bleus sont ainsi classés : *bleu blanc, bleu naissant, bleu pâle, bleu mourant, bleu mignon, bleu céleste, bleu de reine, bleu turquin, bleu de roy, bleu fleur de guesde, bleu aldego, bleu d'enfer* ?

Plus qu'un manuel à l'usage des teinturiers, nous avons un ordre poétique du monde, où ce qui naît n'est pas plus éloigné de ce qui meurt que le roy ne l'est de la reine. On trouve avec plaisir l'ancienne orthographe *guesde,* désignant une plante dont on extrait l'indigo et qui s'écrit aujourd'hui *guède,* pour évoquer un bleu proche de l'indigo. Les hasards de la langue et le changement d'une minuscule en majuscule font que, quelques siècles plus tard, quand Georges Duhamel, dans *Vu de la terre promise,* parlera de *nuance Guesde,* il ne s'agira plus de bleu, mais de rouge puisque ce qui est teinté de *nuance Guesde,* en référence ici à Jules Guesde, est un « socialisme d'extrême gauche imprégné de syndicalisme ».

Nous avons commencé en plaignant les traducteurs ; plaignons une fois encore ceux qui ont été confrontés à une trilogie anglaise annonçant cinquante nuances de gris.

BORDERLINE

Cet anglicisme est emprunté au vocabulaire de la psychiatrie, où il a d'ailleurs reçu un équivalent français, *personnalité limite* traduisant *personnalité borderline.*

Il est aujourd'hui appliqué de manière fantaisiste à ce qui paraît difficile à comprendre, à cerner, à définir, à ce qui va un peu trop loin pour être tout à fait acceptable, dépasse la mesure, les bornes. *Borderline* supplante *limite,* également utilisé en ce sens, en y ajoutant peut-être une nuance d'étrangeté et d'inquiétude. *Un candidat borderline, une proposition borderline. Il est un peu borderline.*

Rien de ce qu'évoque le mot *borderline* n'est impossible à exprimer en termes simples et clairs. On se dispensera donc de l'employer.

BOUFFON / GRAVE

On peut s'amuser des tours et détours des mots au gré des modes. Ainsi la langue parlée par la jeunesse s'empare parfois de mots anciens en leur donnant une nouvelle vitalité.

Par exemple, les adolescents et les spectateurs des stades s'invectivent souvent en se traitant de *bouffons,* terme que le français a emprunté dès le xvɪe siècle à l'italien et qui évoque d'abord un personnage de théâtre destiné à susciter le rire, la moquerie.

De même, l'adjectif *grave,* venu tout droit du latin *gravis,* signifiant
«lourd», «pesant», retrouve tout son poids dans des tournures comme
Il est grave, signifiant à peu près «Il ne comprend rien» ou «Il est insup-
portable». Employé comme adverbe, il marque l'intensité : *Je t'aime
grave, C'est grave compliqué.* Utilisé absolument, *grave* constitue une
affirmation enthousiaste : *C'était bien ? – Grave !*

BURN-OUT

Ce terme anglais, emprunté au vocabulaire des techniques spatiales, a
dans ce domaine très spécialisé des équivalents français.

La presse s'en est fâcheusement emparée pour désigner ce qui s'intitule proprement le «syndrome d'épuisement professionnel» et, plus souvent encore,
l'état d'intense fatigue, la sensation d'avoir perdu toute énergie auxquels
font allusion les commentateurs sportifs lorsqu'ils disent familièrement
qu'un joueur ou un athlète est «carbonisé», «vidé», etc.

Dans tous les cas, on aura recours aux termes français et on évitera de
faire usage de ce mot anglais.

C

CAPITAL

Biens, valeurs, richesses : comme tous ces mots qu'il évoque et résume, le terme *capital* a des emplois figurés. On pourra reconnaître à quelqu'un un *capital d'énergie, de courage,* évoquer le *capital artistique et littéraire d'une nation.*

Mais, aujourd'hui, chacun se trouve – c'est la publicité qui nous le révèle – à la tête d'un *capital santé,* d'un *capital jeunesse,* d'un *capital soleil,* qu'il lui faudrait « gérer » et « booster ».

À une vision toute marchande s'ajoute dans ces formules l'abus de la construction en apposition. On les évitera absolument.

CASTING

Ce mot anglais ne doit pas être employé. On parle en français d'*audition* pour désigner l'entrevue, l'essai permettant à un metteur en scène, à un entrepreneur de spectacles de sélectionner des interprètes. *Organiser une audition. Passer une audition.*

On n'utilisera pas non plus le mot *casting* pour désigner la distribution d'une pièce ou, figurément, la répartition des charges, des tâches entre diverses personnes.

CELA RESSORT DE MES ATTRIBUTIONS

Il existe deux verbes *ressortir* en français. Ils sont homonymes et homographes à l'infinitif, mais diffèrent par l'étymologie (l'un est dérivé de *sortir*, l'autre de *ressort*), par leur groupe et par conséquent par leur conjugaison (l'un est du troisième groupe et fait *ressortait* à l'imparfait, l'autre est du deuxième et fait *ressortissait* à ce même temps). L'un signifie « sortir d'un endroit peu après y être entré » et se construit le plus souvent avec la préposition *de*, l'autre signifie « relever de » et se construit toujours avec la préposition *à*. Le premier de ces deux verbes appartient à la langue courante et s'emploie à toutes les personnes, l'autre appartient essentiellement à la langue administrative et se construit le plus souvent à la troisième personne. On évitera de confondre ces deux verbes et l'on veillera à bien respecter le groupe et la construction qui leur conviennent.

ON DIT

Cela ressortit à mes attributions

Cette affaire ressortissait à la cour d'assises

Ce texte ressortit à l'épopée

Il ressortait de la chambre

ON NE DIT PAS

Cela ressort de mes attributions

Cette affaire ressortait de la cour d'assises

Ce texte ressortit de l'épopée

Il ressortissait de la chambre

C'EST CLAIR

Cette formule, sans être fautive, est aujourd'hui fréquemment employée pour marquer l'approbation ou, simplement, l'assentiment, l'acquiescement. On l'entend en réponse à une remarque, à une suggestion :
- « *J'ai l'impression qu'il ne viendra pas, qu'il est malade. – C'est clair !* »
- « *On dirait qu'il va pleuvoir. – C'est clair !* »
- « *Croyez-vous qu'il faut intervenir ? – C'est clair !* »
Le bon usage dans de tels cas consiste à employer *oui, bien sûr, en effet,* etc.

C'EST CULTE

Le nom *culte* a d'abord désigné un hommage que l'on rend au divin par des rituels religieux et la piété qu'on manifeste à l'égard du sacré. Il a ensuite désigné l'ensemble des cérémonies et des rites établis par une religion et, par affaiblissement, la vénération presque sacrée pour quelqu'un ou pour quelque chose. Il s'emploie désormais en apposition pour montrer que telle personne, tel spectacle ou tel objet a des zélateurs qui lui vouent une admiration presque religieuse parce que, pense-t-on, il constitue une référence qu'on ne saurait ignorer. On parle ainsi d'*auteur culte*, de *livre culte*, de *films culte*. Si ce type de construction, qui relève le plus souvent de l'emphase, est accepté, on se gardera bien de faire de *culte* un attribut dans des expressions comme *c'est culte, cette émission est devenue culte.*

L'hyperbole peut facilement être exprimée en français sans qu'il soit besoin de recourir à ce type de barbarisme.

ON DIT	ON NE DIT PAS
C'est la référence	C'est culte
C'est ce qui se fait de mieux dans ce domaine	C'est culte
Il est la perfection incarnée	Il est culte

C'EST PLIÉ, ÇA N'A PAS FAIT UN PLI

L'affaire est pliée, ou, plus simplement, *C'est plié,* signifie qu'une affaire est terminée, le plus souvent à l'avantage de celui qui parle. Cette expression semble être un raccourci de *plier les gaules* : la pêche a été bonne, on peut rentrer, le matériel peut être rangé. Plus rarement, cela signifie que la réussite n'a pas été au rendez-vous et qu'il n'est pas possible de revenir en arrière. D'aucuns, dans ce cas, préfèrent dire *C'est caramélisé,* voire, dans la langue populaire, *C'est mort.* Si l'opération s'est déroulée sans anicroche, on dira aussi : *Ça n'a pas fait un pli, pli* étant ici à comprendre au sens de « faux pli ».

Pli est aussi synonyme de *levée* aux jeux de cartes. Dans ce cas l'expression *ne pas faire un pli* change de sens et signifie « subir une véritable déroute ».

Quand *pli* signifie « levée », le sujet de l'expression *ne pas faire un pli* ne peut plus être un pronom impersonnel comme *ça,* puisqu'on ne parle plus de l'entreprise elle-même mais de ceux qui ont essayé de la mener à bien. *On n'a pas fait un pli* signifie « notre défaite est complète », ou « pour nos adversaires, l'affaire n'a pas fait un pli ».

LE CHAOS PROVOQUÉ PAR LES CAHOTS L'A MIS KO

Avant d'être nom commun, *Chaos* fut nom propre et à l'origine du monde. C'est Hésiode qui, dans la *Théogonie,* fut le premier à l'évoquer. Le *Chaos* est un état inorganisé et informe du monde et sa forme grecque, *Khaos,* est un neutre ; ce n'est qu'après lui que viendront des êtres sexués, qui pourront donc être désignés par des noms masculins ou féminins, comme *Gaia,* « Terre », *Ouranos,* « Ciel », et *Khronos,* « Temps ». *Khaos* désigne tout à la fois le chaos originel, l'espace infini, le gouffre et l'abîme. *Cahot* n'est pas d'aussi noble extraction. Ce nom est tiré de *cahoter,* qui est lui-même, nous apprend le *Trésor de la langue française,* d'origine obscure, même s'il semble possible de le rattacher au moyen néerlandais *hotten,* « secouer ». Il est peu de récits de voyage, en particulier du xvII[e] au xIX[e] siècle, où on ne le rencontre. On le trouve ainsi chez Chateaubriand, Hugo, Gautier, mais aussi, plus près de nous, chez Cendrars, Mauriac ou Aragon. Depuis les dernières années du xIX[e] siècle, enfin, nous devons à la langue anglaise et au marquis de Queensbury, qui établit les règles de la boxe, le KO, abréviation de *knock out,* tiré du verbe *to knock out,* « faire sortir du jeu, éliminer ».

Ce rappel nous aidera à ne pas confondre ces homonymes qui ne sont pas homographes.

CHECKER, CHECK-LIST, TO-DO-LIST

Check-list signifie « liste des vérifications à effectuer ». Ce mot anglais a longtemps été cantonné au vocabulaire de l'aviation, mais il s'est depuis peu répandu dans tous les domaines de la vie courante. On a ensuite créé le verbe *checker,* qui s'est substitué abusivement à « contrôler » ou « vérifier ». Depuis peu est apparue la *to-do-list,* la « liste des choses à faire », ce qui est proprement le sens d'*agenda.*

ON DIT	ON NE DIT PAS
Contrôler ce qui doit l'être	Contrôler la check-list
Vérifier les points importants	Checker les points importants
Consulter ses courriels	Checker ses mails
Noter sur son agenda, son carnet, une liste de tâches	Noter sur sa to-do-list

CIBLER

Le verbe *cibler* a été créé pour les besoins de la publicité et du commerce. *Cette campagne publicitaire cible les adolescents,* cherche à les atteindre. *Cibler,* comme *viser,* fait image. Si l'on admet dans certains cas la métaphore guerrière – *cibler la douleur, cibler une cellule malade* –, on évitera de céder à la mode en employant ce verbe dans tous les domaines de la vie civile, publique ou privée. Les équivalents ne manquent pas pour échapper aux résonances martiales ou mercantiles de *cibler.*

Plutôt que *Cette mesure cible les classes moyennes,* on dira qu'elle *les concerne, les intéresse, s'adresse à elles.* Plutôt qu'*une allocation ciblée sur les travailleurs pauvres,* on dira *une allocation prévue pour les travailleurs pauvres, qui leur est destinée, réservée. Un programme qui cible les priorités* deviendra *un programme qui s'intéresse, s'attache aux priorités, traite des priorités, Il cible les élections locales, il a en vue les élections locales, Se sentir ciblé par des reproches, des allusions, se sentir concerné, mis en cause. Un discours ciblé* n'est-il pas *un discours ad hoc,* précisément adapté à un auditoire, à un objectif précis ?

CITOYEN

Il est fait aujourd'hui un fréquent mais curieux usage du nom *citoyen,* qui devient un adjectif bien-pensant associant, de manière assez vague, souci de la bonne marche de la société civile, respect de la loi et défense des idéaux démocratiques.

Plus à la mode que l'austère *civique*, plus flatteur que le simple *civil*, *citoyen* est mis à contribution pour donner de l'éclat à des termes jugés fatigués, et bien souvent par effet de surenchère ou d'annonce.

Les *vertus civiles* ou *civiques* sont ainsi appelées *vertus citoyennes*. On ne fait plus preuve d'*esprit civique*, mais d'*esprit citoyen*. Les jeunes gens sont convoqués pour une *journée citoyenne*. Les *associations citoyennes*, les *initiatives* et *entreprises citoyennes* fleurissent, on organise une *fête citoyenne*, des *rassemblements citoyens*. Les *élections* sont *citoyennes*, ce qui pourrait aller sans dire.

Au fil des extensions, *citoyen* entraîne dans sa dérive le mot *citoyenneté*, dont le sens s'affaiblit de la même manière.

CIVILITÉ

On voit aujourd'hui de plus en plus souvent figurer sur les formulaires l'étrange rubrique *civilité* qu'il convient de remplir en indiquant si l'on est un homme (*Monsieur*) ou une femme (*Madame*). Pourtant tous les dictionnaires s'accordent à ne reconnaître au nom *civilité* que les deux sens suivants : au singulier, il désigne une manière courtoise et polie de vivre et de se comporter en société et, au pluriel, les manifestations de cette courtoisie et de cette politesse. Ce nom est bien sûr lié étymologiquement à l'adjectif *civil,* mais il n'est en aucun cas synonyme de la locution *état civil* et ne peut pas non plus se substituer à *titre* ou à *qualité.*

ON DIT

Donner ses titres et qualités

Indiquer si l'on est un homme ou une femme, son sexe

ON NE DIT PAS

Donner ses titres de civilité

Indiquer sa civilité

CLASSIFIER POUR CLASSER

Classifier est attesté en français depuis le XVIᵉ siècle et signifie « classer méthodiquement ». Il s'emploie naturellement dans la taxinomie animale et végétale. On ne doit pas en faire un synonyme, qui semblerait plus savant, de *classer* et il est préférable de le réserver au domaine des sciences. Si donc on classifie des animaux et des végétaux, on se rappellera que, s'agissant de livres, de documents, etc., on emploiera des formes comme *classer* ou *ranger.*

ON DIT

Classer des fiches, des factures

ON NE DIT PAS

Classifier des fiches, des factures

CLIVER, CLIVAGE

Empruntés au vocabulaire technique et scientifique, le verbe *Cliver* et ses dérivés peuvent avoir un emploi figuré. On parle ainsi du *clivage entre la majorité et l'opposition* ou d'*une opinion qui se cliv*e.

Cependant, il convient de ne pas abuser de cette image, en l'employant au hasard, au lieu de *diviser* et *division, séparer* et *séparation, partager* et *partage*, etc.

On évitera ainsi de parler d'un *héritage politique clivé* ou *clivant,* du *clivage social,* du *clivage numérique,* d'un *clivage entre les avis, entre les valeurs.* On se gardera particulièrement de la juxtaposition, qui ne peut remplacer le juste usage des prépositions, comme dans le *clivage Nord/ Sud,* ou le *clivage hommes/femmes.*

✣

COMBIEN D'AUTEURS SONT-ILS SÉLECTIONNÉS ?

Quand une interrogative partielle commence par un pronom interrogatif sujet ou par un déterminant interrogatif, il est de meilleure langue de ne pas reprendre ce sujet par un pronom personnel, même si cette construction se trouve sous la plume de grands auteurs. On se souviendra donc que l'on dira plutôt *Combien d'auteurs sont sélectionnés ?* que *Combien d'auteurs sont-ils sélectionnés ?* Il convient de rappeler que cette reprise est en revanche incorrecte dans l'interrogative indirecte : on ne dira donc pas *Dites-nous combien d'argent Pierre veut-il*, mais *Dites-nous combien d'argent Pierre veut.* Enfin, on se gardera particulièrement d'utiliser la reprise pronominale quand le verbe de l'interrogative est un infinitif précédé d'un modalisateur comme *pouvoir* ou *vouloir*, l'ajout de ce pronom de reprise changeant parfois le sens de la phrase : il ne faut pas confondre *Combien d'enfants veulent manger ?* et *Combien d'enfants veulent-ils manger ?*

COMMÉMORER LE CENTENAIRE
DE LA PREMIÈRE GUERRE MONDIALE

Le verbe *commémorer* signifie « évoquer », « célébrer la mémoire d'une personne, d'un événement », et le nom *anniversaire* désigne une date qui rappelle le souvenir d'un événement survenu une ou plusieurs années auparavant. Il est donc redondant et incorrect de faire *d'anniversaire,* ou d'un de ses équivalents comme *centenaire,* le complément d'objet de *commémorer.* On commémore un événement et on fête ou on célèbre un anniversaire.

ON DIT	ON NE DIT PAS
Célébrer le centenaire de la Première Guerre mondiale	Commémorer le centenaire de la Première Guerre mondiale
Fêter l'anniversaire de la Libération	Commémorer l'anniversaire de la Libération

COMPÉTITER

Compétiter est un hybride du verbe anglais *to compete*, « être en concurrence avec », « concourir », et des noms français *compétition* et *compétiteur*. Ce verbe est assez étrange pour n'être employé, jusqu'à présent, qu'à l'infinitif, mais, même à ce mode, il convient de le bannir et de le remplacer par une des nombreuses formes déjà en usage qu'offre le français.

ON DIT

Demain je participerai à une compétition

Il prendra part au saut en longueur

ON NE DIT PAS

Demain je vais compétiter

Il va compétiter au saut en longueur

COMPLIQUÉ POUR DIFFICILE

L'emphase est produite par une volonté d'exagération, mais aussi par un manque de confiance dans les mots. Il semble ainsi que *difficile* ne soit plus guère employé, comme si ce qui n'était que *difficile* paraissait trop simple pour être digne d'attention, et cet adjectif se voit bien souvent remplacé, à tort, par *compliqué*, voire par *complexe*. Il conviendrait pourtant de redonner aux mots leur véritable sens plutôt que de les affaiblir en les employant à tort et à travers, et de réserver l'hyperbole à quelque tournure plaisante.

ON DIT	ON NE DIT PAS
Les retours de vacances s'annoncent difficiles	Les retours de vacances s'annoncent complexes
Il va être difficile de skier si la neige n'est pas au rendez-vous	Il va être compliqué de skier si la neige n'est pas au rendez-vous

CONF CALL

La locution anglaise *conf call*, abréviation de *conference call*, tend à se répandre. Elle désigne une communication téléphonique organisée à l'avance entre plus de deux correspondants, et non, comme on le croit parfois, un exposé retransmis par téléphone. Cet anglicisme peut facilement être remplacé par la forme *conférence téléphonique*. Pourquoi ne pas l'employer ?

ON DIT	ON NE DIT PAS
Organiser une conférence téléphonique	Organiser une conf call

CONFIDENTIEL

L'adjectif *confidentiel* signifie « qui se fait en secret » et « qui ne doit être communiqué qu'à des personnes qualifiées ». On parle ainsi d'*entretien confidentiel*, de *dossier confidentiel*. Par extension, cet adjectif peut aussi s'appliquer à une revue qui a peu de lecteurs. On parlera ainsi de *revue confidentielle, tirage confidentiel*, mais on évitera d'étendre ce sens à des établissements qui n'ont pas une clientèle importante.

ON DIT	ON NE DIT PAS
Un restaurant peu fréquenté	Un restaurant confidentiel
Un café connu des seuls initiés	Un café confidentiel

CONJECTURE POUR CONJONCTURE

Ces deux paronymes, qui ne diffèrent que d'un phonème, sont souvent confondus à l'oral, alors que leurs sens diffèrent grandement : une *conjecture* est une opinion, un jugement, une supposition que l'on fonde sur des réalités ou des apparences, alors que la *conjoncture* désigne l'état, la situation résultant de circonstances diverses. On évitera donc la faute que l'on entend de plus en plus souvent, qui consiste à employer ces deux termes l'un pour l'autre.

ON DIT	**ON NE DIT PAS**
Se perdre en conjectures	Se perdre en conjonctures
Bénéficier d'une conjoncture économique favorable	Bénéficier d'une conjecture économique favorable

CONSTRUCTION EN -ISME

Le suffixe -*isme* est très productif. Il entre dans la composition de mots désignant des courants de pensée philosophiques ou politiques. Nombre de ces mots ont été créés aux XIXe et XXe siècles pour nommer les vastes mouvements d'idées qui ont bâti et accompagné ces deux siècles. Leur radical peut être un adjectif (*héliocentrisme, chauvinisme, colonialisme*), un nom commun (*anarchisme, cubisme, centrisme*), un nom propre (*gaullisme, darwinisme, marxisme*). L'abus de ce suffixe pour former des néologismes peu clairs témoigne le plus souvent de paresse dans la recherche de l'expression juste.

ON DIT	**ON NE DIT PAS**
Le fait de n'appréhender que le temps présent	Le présentisme
Le fait de ne penser qu'à court terme	Le court-termisme

CONTACT, CONTACTER

Le nom *contact* désigne la relation, la liaison qui s'établit entre deux personnes. *On entre en contact avec quelqu'un, on prend contact avec lui.* Par métonymie *contact* peut désigner la personne avec qui il convient d'entrer en relation : *voici l'adresse de votre contact à Istanbul.* Mais on se gardera bien de faire de *contact* un synonyme d'*entretien* ou de *discussion.* L'usage de son dérivé *contacter,* « entrer en liaison avec une personne ou une organisation », est plus restreint et ce terme doit être réservé au langage du commerce international, du renseignement ou de la clandestinité.

ON DIT

Les deux ministres ont eu de longs entretiens téléphoniques

Prenez contact, mettez-vous en rapport avec votre médecin dès que possible

ON NE DIT PAS

Les deux ministres ont eu de longs contacts téléphoniques

Contactez votre médecin dès que possible

CORPORATE

L'adjectif anglais *corporate* s'entend de plus en plus en français. Ce mot est issu du latin *corporatus,* participe passé de *corporare,* « incorporer », et, conformément à son étymologie, il signifie « qui a un esprit de corps ». Cette locution ou d'autres de même sens peuvent avantageusement se substituer à cet anglicisme. Utilisons-les.

ON DIT	ON NE DIT PAS
Il a bien acquis l'esprit de l'entreprise	Il est devenu très corporate
La culture d'entreprise	La culture corporate

CRISE

Le nom *crise* est emprunté, par l'intermédiaire du latin *crisis,* du grec *krisis,* qui a d'abord le sens d'« action » ou de « faculté de choisir » (d'où sont tirés les autres sens d'« élection », de « décision judiciaire » et de « dénouement ») et celui d'accident d'ordre médical, brusque et inattendu. En français, c'est essentiellement ce dernier sens qui est conservé, ainsi que ses emplois figurés, pour désigner un événement soudain qui vient, comme l'altération brusque de la santé, troubler et bouleverser une situation jusqu'alors paisible. On parlera ainsi, à juste titre, de la *crise financière de 1929* ou de la *crise pétrolière de 1973,* que l'on appelle également *choc pétrolier,* ce qui souligne bien son caractère ponctuel.

On évitera donc d'employer *crise* pour parler de phénomènes durables et l'on s'efforcera de réserver le terme à des événements précis et limités dans le temps.

ON DIT

La remise en cause, en question des institutions, de la représentativité démocratique

L'épuisement des énergies fossiles

ON NE DIT PAS

La crise des institutions, de la représentativité démocratique

La crise des énergies fossiles

CRUCIFIER

Les termes exprimant la douleur, la souffrance ou la mort sont souvent employés par exagération et de manière imagée, car ils ont dans la langue une valeur d'intensif. On est ainsi *mort de fatigue, écartelé entre deux désirs incompatibles, bourrelé de scrupules* ou *dévoré par la jalousie.* Ce phénomène semble universel et chez les Latins *cruciari,* proprement « être crucifié », se rencontrait déjà avec le sens de « se tourmenter ». Aujourd'hui *crucifier* semble s'imposer dans le langage des sports. Est-ce parce que le malheureux déploie sans résultat ses membres qu'on lit si souvent dans les commentaires sportifs que « le gardien a été crucifié » ?

La métaphore n'est pas inintéressante, mais il conviendrait de ne pas en abuser. On évitera particulièrement de mêler deux images différentes et d'écrire *crucifier à bout portant*.

D

DEALER

L'anglais *deal* peut désigner différents types de commerces ou d'arrangements, un trafic de substances illicites et, enfin, une donne aux cartes. Ce dernier sens, employé de manière métaphorique, se répandit dans le monde entier quand le président Roosevelt proposa à ses concitoyens une nouvelle organisation de la société, le *New Deal*. Si cette locution est entrée dans l'histoire, l'anglicisme *dealer,* verbe (prononcé *-é*) et nom (prononcé *-eur*), n'est employé en français que pour évoquer la vente de drogue, et on peut donc lui substituer les formes *trafiquer* et *trafiquant*. Il est certes regrettable que les mots de cette famille, jadis neutres – comme en témoigne cet extrait de *La Princesse de Clèves* : « *Le lendemain qu'elle fut arrivée, elle alla pour assortir des pierreries chez un Italien qui en trafiquait par tout le monde. Cet homme [...] s'était tellement enrichi dans son trafic...* » –, ne servent aujourd'hui qu'à désigner des commerces illégaux, mais force est de constater qu'ils conviennent parfaitement pour éviter cet anglicisme.

ON DIT	ON NE DIT PAS
Un trafiquant de drogue	Un dealer
Vendre de la drogue	Dealer de la drogue

DÉCADE POUR DÉCENNIE

Le nom *décade* est emprunté, par l'intermédiaire du latin, du grec *dekas, dekados*, « nombre dix », « dizaine » ; on l'emploie en français pour désigner un ensemble de dix éléments et, en particulier, une partie d'un ouvrage composée de dix livres, de dix chapitres, ou encore une période de dix jours. On dira ainsi que les livres de Tite-Live sont organisés en décades ou que les mois républicains comptaient trois décades.

Décennie, qui est composé à partir du latin *decem*, « dix », et *annus*, « année », désigne une période de dix ans. On se gardera d'employer *décade* avec ce sens. Cette erreur, que l'on trouve chez de bons écrivains, provient d'une confusion avec l'anglais *decade*, qui désigne une période de dix jours ou de dix ans. Songeons, pour ne pas oublier le vrai sens de *décade*, que le film de Claude Chabrol, *La Décade prodigieuse*, est tiré du roman *Ten Days's Wonder*, d'Ellery Queen.

DÉCEPTIF

Déceptif, néologisme tiré de l'anglais *deceptive*, est un faux ami et c'est à tort qu'on lui donne le sens de « décevant ». L'anglais *deceptive* signifie en effet « trompeur ». Cet adjectif est dérivé de *deception*, lui-même emprunté de l'ancien français *deception*, « tromperie ». Dans les textes médiévaux, on rencontrait certes l'adjectif *deceptif* et ses dérivés, fréquemment associés à des termes comme *faux, traistre, pervers, cauteleux, tricheur,* etc., mais ce mot est sorti de notre langue depuis plus de cinq siècles.

On se rappellera qu'aujourd'hui *déception* signifie « désappointement » et non « tromperie », et que le français a à sa disposition des termes comme *décevant* ou *trompeur* qui permettent d'éviter tout malentendu.

ON DIT

Un résultat décevant

Une attitude décevante

ON NE DIT PAS

Un résultat déceptif

Une attitude déceptive

DÉCLINER

Tout un chacun a *décliné* un nom, un article, un adjectif, etc. au cours de l'apprentissage d'une langue, morte ou vivante.

Ce verbe *décliner* connaît une curieuse fortune dans la langue contemporaine. *Le candidat décline son programme politique, Le gouvernement décline les réformes.* La publicité nous avertit que l'on *décline un produit en plusieurs couleurs, dans une gamme de couleurs,* ce qui conduit à *décliner une gamme. Ce modèle se décline dans diverses versions.*

Le bon sens voudrait que l'on réserve *décliner* à la grammaire et que l'on revienne aux verbes *proposer, présenter, offrir un choix de,* etc.

DÉNI, DÉNÉGATION

Ces deux termes, que l'on peut rapprocher du verbe *dénier*, ne doivent pas être employés l'un pour l'autre.

Déni est un terme de la langue juridique, surtout connu par la locution *déni de justice*. Il y a déni de justice quand est refusé ce qui est dû, ce qui est juste. On ne parlera donc pas de *déni de réalité* ou de *déni de vérité*, alors qu'on veut dire « négation de la réalité » ou « négation de la vérité ».

Dénégation désigne le refus d'accepter, d'admettre, de reconnaître, d'avouer ce qui est. On fait un *signe de dénégation*, on soupçonne quelqu'un *malgré ses dénégations*.

L'expression *être dans le déni*, employée pour dire tout simplement « nier avec constance », est fautive. La dénégation n'étant ni un état d'esprit ni un sentiment, on évitera de même *être dans la dénégation*.

DÉNOTER POUR DÉTONNER

Ces deux verbes sont proches par la forme, mais ils diffèrent par le sens et la construction. *Dénoter* est transitif direct et signifie « révéler », « indiquer telle ou telle caractéristique », alors que *détonner* est intransitif et signifie « ne pas s'accorder avec ce qui est autour de soi », « produire un contraste désagréable ». Si la faute qui consiste à employer *détonner* à la place de *dénoter* est peu fréquente, on entend malheureusement de plus en plus l'erreur inverse (*sa tenue dénote* au lieu de *détonne*), erreur qui s'explique sans doute parce qu'on associe *dénote* et *fausse note,* mais dont il convient cependant de se garder.

ON DIT	ON NE DIT PAS
Ses propos détonnent en ce lieu	Ses propos dénotent en ce lieu

Ajoutons pour conclure que l'on se gardera également de confondre ces verbes avec le verbe *détoner,* qui signifie « exploser ».

DIGITAL

L'adjectif *digital* en français signifie « qui appartient aux doigts », « se rapporte aux doigts ». Il vient du latin *digitalis,* « qui a l'épaisseur d'un doigt », lui-même dérivé de *digitus,* « doigt ». C'est parce que l'on comptait sur ses doigts que de ce nom latin a aussi été tiré, en anglais, *digit,* « chiffre », et *digital,* « qui utilise des nombres ». On se gardera bien de confondre ces deux adjectifs *digital,* qui appartiennent à des langues différentes et dont les sens ne se recouvrent pas : on se souviendra que le français a à sa disposition l'adjectif *numérique.*

ON DIT	ON NE DIT PAS
Une montre à affichage numérique	Une montre à affichage digital
Un appareil photo numérique	Un appareil photo digital

DÎNER PAR CŒUR

La langue familière a créé anciennement cette locution pour dire « se passer de manger », « n'avoir pas de quoi manger ». Faisant peut-être de l'imagination et de la mémoire les recours d'un estomac vide, elle constitue une variante de *dîner avec les chevaux de bois*.

Le remède réside sans doute dans le sommeil puisque, comme l'indique la sagesse populaire, *qui dort dîne*.

DIRE, NE PAS DIRE, AU IIIE SIÈCLE APRÈS JÉSUS-CHRIST

En 1925, Étienne Le Gal concourut pour le prix Saintour avec un ouvrage intitulé *Ne dites pas... Mais dites...* et sous-titré *Barbarismes-solécismes-locutions vicieuses*. L'Académie française ne le récompensa pas. Dans la même veine, il publia, en 1927, *Ne confondez pas*. On pouvait lire dans la préface : « *On ne sait plus le sens des mots. On ne prend plus le temps de choisir le mot juste, et on emploie les termes avec négligence et ignorance. Il est à peine besoin de souligner les conséquences néfastes. Notre belle langue française est menacée dans ses qualités maîtresses : précision, clarté, logique, force, justesse. Son avenir est compromis, et avec lui l'avenir de notre pensée.* »

Mais bien avant lui d'autres s'étaient inquiétés d'entendre leur langue parlée incorrectement. On n'évoquera ici ni Malherbe ni Vaugelas, mais on remontera encore un peu plus dans le temps.

Il existe un texte, que le philologue et académicien Gaston Paris a daté de la fin du IIIe siècle après J.-C., dans lequel sont recensées plus de deux cents fautes très fréquentes en latin. Le texte présente la forme correcte, puis la forme fautive dûment précédée de *non*, « et non pas », présentation qui est aujourd'hui celle de *Dire, ne pas dire*. Dans ce document sont signalées quelques fautes de grammaire : *Vico capitis Africae* (dans la rue de la tête de l'Afrique), *non Vico caput Africae*, forme fautive dans laquelle le nom *caput* n'est pas décliné. Mais le plus souvent, ce sont des fautes de prononciation que l'auteur a relevées : *Speculum non Speclum* ; *Tabula non Tabla*. Cet opuscule est traditionnellement appelé l'*Appendix Probi*, la « liste de Probus », parce qu'on l'a retrouvé sur un manuscrit dans lequel figuraient aussi des écrits de Probus. Ce grammairien, de la deuxième moitié du Ier siècle après J.-C., nous est essentiellement connu parce qu'il est cité par Suétone dans son *De Grammaticis*, traité qui présente les grands grammairiens latins.

L'ombre tutélaire de cet illustre ancêtre doit nous inciter à la modestie car, si tout ce que le monde savant compte de latinistes et de romanistes a fait son miel de cette découverte, ce n'est assurément pas pour les formes de latin correct que proposait le pseudo-Probus, formes que connaissait toute personne ayant eu entre les mains un *Gaffiot* ou *Les Lettres latines,* mais bien pour les barbarismes qu'il contenait et qui auraient fait perdre quatre points à qui les eût utilisés dans un thème. Ces fautes sont un témoignage inestimable de l'évolution de la langue latine et de la réalité du latin oral. Qui veut connaître l'histoire du latin et son évolution phonétique, au terme de laquelle naissaient notre langue et ses sœurs romanes, se doit de fréquenter les incorrections de l'*Appendix Probi*. Il pourra y ajouter les graffitis de tous ordres trouvés à Pompéi, écrits eux aussi dans une langue bien peu cicéro-nienne. Chaque mois *Dire, ne pas dire* s'efforce de proposer des locutions, expressions ou termes corrects susceptibles de remplacer des formes fau-tives entendues et lues ici ou là. Mais hélas, qui sait si, dans un temps très lointain, quelque linguiste ne se réjouira pas en découvrant, enfouies au fond de la mémoire d'un vieil ordinateur ou dans la version papier de *Dire, ne pas dire*, non les formes correctes de notre langue proposées chaque mois, mais bien plutôt quelques-uns des barbarismes, des néologismes inutiles, des tours vicieux et autres incorrections les plus répandus en ce début de millénaire.

On se consolera cependant en songeant que le patronage de Probus est des plus honorable, son patronyme étant une substantivation de l'ad-jectif *probus,* «honnête», et l'on constatera avec amusement que, si l'on prête volontiers aux plantes nos turpitudes, on leur emprunte non moins volontiers leurs qualités : l'adjectif *probus,* avant de servir à qualifier des individus, a en effet été utilisé dans le vocabulaire de l'agriculture et s'est appliqué d'abord aux végétaux avec le sens de «qui pousse droit», «qui pousse bien».

DOMESTIQUE POUR INTÉRIEUR

L'adjectif français *domestique* vient du latin *domesticus*, adjectif cor-respondant au nom *domus*, qui désigne la maison. En latin comme en français, ces adjectifs qualifient ce qui a trait à la maison, à la vie de la maison, comme dans les locutions *affaires domestiques, travaux domestiques* ou *économie domestique*. Si l'anglais *domestic* a également ce sens, il en a un second, qui en est l'extension, et qui correspond sans doute à une vision plus large de l'habitat : il qualifie tout ce qui concerne un pays, un territoire délimité à l'intérieur de ses frontières, le pays étant en quelque sorte l'échelon supérieur à la maison. Mais le français possède plusieurs adjectifs, *national, intérieur* en particulier, qui pourront être employés en lieu et place de cet anglicisme inutile. Ne nous en privons pas.

ON DIT	ON NE DIT PAS
Un vol intérieur, national	Un vol domestique
Transport intérieur de marchandises	Transport domestique de marchandises
Le commerce intérieur progresse	Le commerce domestique progresse
Le produit intérieur brut	Le produit domestique brut

DONNER SON GO

On commence à entendre, ici ou là, un étrange mélange d'anglais et de français, *donner son go,* une expression qui n'est correcte dans aucune de ces deux langues. Le français dispose de nombreuses expressions signalant que l'on donne l'autorisation de faire telle ou telle chose : *donner son accord, son feu vert* ou, plaisamment, *donner son imprimatur.*

ON DIT

Donner son feu vert pour le lancement du projet

ON NE DIT PAS

Donner son go pour le lancement du projet

DRESS CODE

Parmi les nombreux termes anglais dont abuse la presse figure *dress code*, désignant soit ce qui prévaut en matière de mode vestimentaire, soit la tenue requise pour une circonstance déterminée. On préférera dire *ce qui est à la mode* et employer la formule *tenue requise, tenue souhaitée.*

DU COUP AU SENS DE DE CE FAIT

La locution adverbiale *du coup* a d'abord été employée au sens propre : *Un poing le frappa et il tomba assommé du coup.* Par la suite, on a pu l'utiliser pour introduire la conséquence d'un événement : *Un pneu a éclaté et du coup la voiture a dérapé.* Mais, ainsi que le dit *Le Bon Usage,* il exprime « l'idée d'une cause agissant brusquement », et à sa valeur consécutive s'ajoute donc une valeur temporelle traduisant une quasi-simultanéité. *Du coup* est alors très proche d'*aussitôt.* On ne peut donc pas employer systématiquement *du coup,* ainsi qu'on l'entend souvent, en lieu et place de *donc, de ce fait,* ou *par conséquent.* On évitera également de faire de *du coup* un simple adverbe de discours sans sens particulier.

ON DIT

Il a échoué à l'examen.
De ce fait, il a dû le repasser
l'année suivante

ON NE DIT PAS

Il a échoué à l'examen.
Du coup, il a dû le repasser
l'année suivante

E

EASY LISTENING, EASY READING

Ces anglicismes désignent, l'un, un type de musique dont l'écoute ne demande aucune attention particulière ; l'autre, créé par analogie, un type de littérature facile et médiocre. Le français a des termes propres et des expressions imagées pour les évoquer l'un et l'autre. Pourquoi ne pas en faire usage ?

ON DIT

De la musique facile,
de la musique d'ascenseur,
de supermarché

_ire des romans,
de la littérature de gare

ON NE DIT PAS

De l'easy listening

Lire de l'easy reading

ÉCHANGER DES PROPOS
ET NON S'ÉCHANGER DES PROPOS OU ÉCHANGER

Le verbe *échanger* est un verbe transitif et doit donc être construit avec un complément d'objet direct. Une mode se répand qui consiste à l'employer absolument, mais c'est une incorrection. Rappelons d'autre part que le seul emploi pronominal correct de ce verbe est un emploi pronominal à valeur passive. On dira *Ils échangèrent quelques paroles* et non *Ils s'échangèrent quelques paroles*. Cette faute trouve probablement son origine dans la prononciation. Le *s* d'*ils,* qui doit être prononcé *z* dans *ils échangèrent,* a été assourdi à tort et prononcé *s,* comme dans *Ils s'échangèrent.*

ON DIT	ON NE DIT PAS
Nous avons échangé quelques propos	Nous avons échangé
Ils échangèrent des regards	Ils s'échangèrent des regards
Des compliments s'échangeaient	Des personnes s'échangeaient des compliments

ÉDITORIALISER

On entend ou lit ici et là le verbe *éditorialiser* employé au sens d'« écrire un éditorial », « choisir comme sujet pour un éditorial ». Il semble emprunté de l'anglais *to editorialize,* attesté depuis les années 1860. Ce verbe anglais signifie « avancer une opinion sur un sujet dans un éditorial » et « donner des interprétations personnelles lors d'un compte rendu ». Les sens que l'on donne majoritairement à *éditorialiser* ne sont pas ceux-là. Le français s'est passé pendant plus d'un siècle et demi de ce faux ami. On pourrait ne pas trouver mauvais que les choses continuent ainsi.

ÉLIGIBLE

Le sens premier d'*élire* est « choisir ». On lit ainsi dans *Le Cid* (I, 1) : « *Le roi doit à son fils élire un gouverneur.* » Il s'est conservé dans quelques expressions comme : *élire domicile* ou l'*élu de son cœur,* mais aujourd'hui ce verbe signifie « désigner à une fonction par la voie des suffrages ». Son dérivé, *éligible,* n'a pour sens que : « qui se trouve dans les conditions requises pour être candidat à une élection ». On se gardera donc bien d'en faire un synonyme d'expressions comme « qui a droit à », « qui est en droit de », « qui remplit les conditions requises pour », etc.

ON DIT	ON NE DIT PAS
Être en droit de prendre sa retraite	Être éligible pour la retraite
Avoir droit à telle prestation	Être éligible pour telle prestation
Remplir les conditions requises pour se présenter à un examen	Être éligible à un examen

EMPRUNT, EMPREINT

Dans le monde vivant, nombre d'espèces sont menacées d'extinction ; de même y a-t-il dans notre langue un son qui risque de disparaître. On tend aujourd'hui à ne plus prononcer le digramme *un* comme il se doit, mais à le prononcer comme le digramme *in* : la distinction entre *brun* et *brin* se fait de moins en moins nette, et ceux qui ne l'ont pas entendue ne pourront évidemment pas la reproduire. Cette perte de nuance dans la prononciation entraîne aussi des fautes d'orthographe : les formes *emprunt* et *empreint,* qui ne sont pas homophones, sont de plus en plus confondues à l'oral, et le sont également, désormais, à l'écrit. On rappellera qu'*empreint,* participe passé d'*empreindre,* et *emprunt,* déverbal d'*emprunter,* ont des sens radicalement différents.

ON DIT	ON NE DIT PAS
Un visage empreint de tristesse	Un visage emprunt de tristesse
Il a emprunté les vêtements de son frère	Il a empreinté les vêtements de son frère

EN CHARGE DE / EN RESPONSABILITÉ DE / EN CAPACITÉ DE

Être en charge de est un anglicisme très répandu qui remplace trop souvent les expressions justes *avoir la charge de, être chargé de.*

Sur le modèle d'*être en charge,* on trouve aussi *être en responsabilité de* ou *être en capacité de.*

ON DIT	ON NE DIT PAS
Il a la charge des affaires, de la réorganisation	Il est en charge des affaires, de la réorganisation
Avoir la capacité d'agir, de comprendre	Être en capacité d'agir, de comprendre
Avoir la responsabilité de la mise en œuvre des réformes	Être en responsabilité de la mise en œuvre des réformes

EN LIVE

Cette forme n'est correcte ni en français ni en anglais parce qu'elle participe des deux langues. Les Anglais emploient le terme *live* seul quand nous utilisons la locution adjectivale ou adverbiale *en direct* : *Notre envoyé spécial, en direct de New York, une émission en direct, retransmettre en direct.* C'est donc cette locution que l'on emploiera dans un texte français, non le monstre *en live,* pas plus que l'étrange et redondante juxtaposition *en direct live.*

ON DIT	ON NE DIT PAS
Un concert retransmis en direct	Un concert retransmis en (direct) live

EN STAND BY

La locution anglaise *to stand by* a, parmi de nombreux autres sens, celui d'« être prêt », de « rester là ». On en a tiré le monstre linguistique *en stand by,* le plus souvent employé comme attribut d'un complément d'objet dépendant du verbe *mettre.* Les compléments d'objet de la locution verbale *mettre en stand by* sont tantôt des personnes, tantôt des appareils électriques. Mais, dans ces différentes situations, la langue française a des expressions de même sens et depuis longtemps usitées qu'il serait dommage de ne pas continuer à employer.

ON DIT	ON NE DIT PAS
Je vous mets en attente, je vous prie de bien vouloir patienter	Je vous mets en stand by
J'attends, je patiente	Je suis en stand by
Mettre, laisser un appareil en veilleuse	Mettre, laisser un appareil en stand by

L'ENTRECÔTE AVEC SES FRITES, LE GIGOT AVEC SON COULIS

Tous les genres du discours peuvent se prêter à l'emphase, à l'enflure. Aujourd'hui les menus n'y échappent pas alors que, longtemps, la langue choisissait l'élision : *un steak frites, un jambon beurre*. Certaines tournures qu'on peut y lire sont sympathiques et sont passées dans la langue courante, comme les *pommes de terre en robe de chambre* (ou *des champs*) pour désigner ces tubercules quand ils sont servis avec leur peau. Mais aujourd'hui l'emphase se niche dans les formes grammaticales. L'article indéfini semble être passé de mode. On ne propose plus *un pavé, un steak au poivre*, etc., mais LE *pavé,* LE *steak au poivre*, comme si la présence de l'article défini faisait qu'on nous proposait le parangon, le phénix des pavés, des steaks au poivre. On se doute bien qu'une telle merveille gastronomique ne peut avoir un simple accompagnement. Le canard n'est plus *à l'orange*, il n'est pas non plus *servi avec des oranges*. La majesté du plat demande un possessif. On aura donc *le magret de canard avec ses oranges* ou *le magret de canard et ses oranges*. Mais on se demandera toujours si le caractère ronflant de l'énoncé n'est pas là pour cacher l'austérité des portions.

ON DIT	ON NE DIT PAS
Manger une entrecôte avec des frites	Manger l'entrecôte avec ses frites
Un gigot avec un coulis d'airelles	Le gigot avec son coulis d'airelles

ÊTRE DANS L'ŒIL DU CYCLONE

Être dans l'œil du cyclone est une de ces expressions dont le sens originel s'est peu à peu perdu et qui sont aujourd'hui souvent employées à contresens, comme *coupe sombre* ou *solution de continuité,* dont nous avons déjà parlé dans le premier volume. Un cyclone est une perturbation atmosphérique qui s'établit autour d'une basse pression, et qui se déplace en tournoyant sur elle-même : c'est pourquoi la zone située en son centre, appelée l'« œil du cyclone », est épargnée par la tempête. Peut-être est-ce par confusion avec d'autres expressions construites de manière similaire comme *être au cœur de la tempête* ou *être dans la tourmente* que cette expression s'emploie maintenant, à tort, pour évoquer la situation d'une personne qui se trouve être la cible de toutes les attaques, de tous les dangers. Quoi qu'il en soit, gardons-nous d'imiter cette erreur et redonnons son vrai sens à l'*œil du cyclone.*

ERREMENTS

Ce mot s'emploie toujours au pluriel. Désignant d'abord le fait d'aller à l'aventure, il s'utilise aujourd'hui, péjorativement, à propos de manières d'agir, de procéder. Il ne doit pas être pris, par euphémisme ou par prétention, dans le sens d'*erreur* dont, malgré une origine commune, il est tout à fait distinct.

ÊTRE NÉ AVEC UNE CUILLÈRE D'ARGENT OU AVEC UNE CUILLÈRE D'OR DANS LA BOUCHE

Cette expression évocatrice, traduite de l'anglais, est devenue courante. Faisant probablement allusion à la cuillère de métal précieux qu'offrait le parrain en cadeau de baptême, elle évoque l'aisance qui entoure l'enfant dès son plus jeune âge lorsqu'il appartient à une famille opulente, ainsi que les facilités et les avantages que lui procure sa naissance et qui le mettent à l'abri pour toute son existence.

D'autres expressions très anciennes associent à la naissance divers présages heureux ou malheureux : *être né sous une bonne étoile, sous une mauvaise étoile* ou *être né coiffé*. Deux autres : *être né dans la pourpre* et *être né dans la crasse* opposent ceux qui semblent destinés au pouvoir et à la richesse à ceux que tout en éloigne.

ÉVIDENT POUR FACILE

L'adjectif *évident* est emprunté du latin *evidens*, « clair », « manifeste », et signifie « qui s'impose clairement à l'esprit ». On dira ainsi : *Une erreur évidente* ou *Il est évident qu'il met de la mauvaise volonté à nous répondre*. Mais il faut se garder de faire de cet adjectif un synonyme d'« aisé », « de réalisation facile ». Cela s'entend malheureusement de plus en plus souvent, surtout à la forme négative.

ON DIT	**ON NE DIT PAS**
Trouver une boulangerie ne va pas être facile	Trouver une boulangerie ne va pas être évident
Terminer ce rapport pour demain ne va pas être chose aisée	Terminer ce rapport pour demain ne va pas être évident
C'est difficile	Ce n'est pas évident

F

FAIRE MÉMOIRE

Nous avons déjà critiqué dans cette rubrique l'emploi injustifié de constructions où *faire* était directement suivi d'un substantif comme dans *faire sens* ou *faire problème*. On rencontre aussi, malheureusement, de plus en plus souvent, *faire mémoire*. La polysémie de ce verbe et l'absence de l'article devant *mémoire* sont responsables de l'ambiguïté de cette expression qui semble devoir signifier tantôt « créer des souvenirs », tantôt « rappeler des souvenirs », et tantôt « faire mention de ». Il est possible d'utiliser des expressions plus claires et plus précises. Il serait dommage de s'en priver.

ON DIT	ON NE DIT PAS
Un événement qui fera date, dont on se souviendra, qu'on se remémorera	Un événement qui fera mémoire
Un ouvrage qui rappelle tel fait	Un ouvrage qui fait mémoire de tel fait
L'orateur a mentionné cet épisode	L'orateur a fait mémoire de cet épisode

FASHIONISTA

Ce terme qui fleurit dans les magazines féminins et sur leurs couvertures pour désigner une femme qui aime la mode, la suit avec passion, ou bien la crée par son allure et ses idées, montre une curieuse hybridation de l'anglais (*fashion*) et de l'italien ou de l'espagnol (le suffixe -*ista*), propre à séduire doublement celle que l'on appelle aussi, par un pur anglicisme cette fois, la *fashion victim*.

La *fashionista* semble supplanter la *fashion victim* auprès des rédacteurs de ces magazines. Le bon langage y trouve cependant peu de bénéfice, d'autant que naissent, dans le sillage de cette adepte extrême de tout ce qui est à la mode, des *blogs fashionista, des jeux fashionista* et des *poupées fashionista*.

FILS D'ARCHEVÊQUE

De l'habitude qu'eurent certains papes d'accorder à leurs parents, et particulièrement à leurs neveux, les privilèges du pouvoir est né le terme *népotisme*. L'expression *fils d'archevêque* désigne, cette fois-ci par l'image ironique d'une filiation directe, celui ou celle que la position sociale de ses parents amène tout naturellement à jouir de la considération et de l'attention bienveillante des puissants, et dont la place se trouve nécessairement être dans les toutes premières.

Moins familière que *fils à papa,* elle lui fait pendant, prenant en compte moins la richesse matérielle, bien souvent celle des « nouveaux riches », que le prestige de la fonction et la supériorité de l'esprit.

FRATRIE ET PHRATRIE

Voici deux termes, cette fois parfaitement homonymes, qui ne doivent pas être confondus. *Fratrie* est un dérivé savant du latin *frater,* « frère » ; il appartient à l'origine au vocabulaire de la démographie et désigne l'ensemble des frères et sœurs d'une même famille. *Phratrie,* plus rare, ressortit d'abord au vocabulaire des institutions grecques : il est emprunté du grec *phratria,* qui désignait une association de citoyens liés par une communauté de rites et appartenant à la même tribu. Ce terme a été repris par la suite par les anthropologues pour désigner un ensemble de clans qui se disent apparentés. *Phratia* est dérivé de *phratêr,* « membre d'un clan », et non pas « frère biologique ». Pour évoquer cette dernière notion, les Grecs avaient d'autres mots, parmi lesquels *adelphos,* « frère », et *adelphé,* « sœur », qui signifiaient proprement « (nés d')un seul utérus ».

ON DIT

Une fratrie de quatre enfants

En Grèce, une tribu était formée de trois phratries

ON NE DIT PAS

Une phratrie de quatre enfants

En Grèce, une tribu était formée de trois fratries

FRUSTRE (MÉLANGE DE FRUSTE ET DE RUSTRE)

L'adjectif *fruste* a été emprunté de l'italien *frusto,* « usé ». Il s'emploie au sens propre en archéologie. On parle ainsi de « monnaie fruste » ou de « sculpture fruste » quand les reliefs de celles-ci s'estompent. En médecine, *fruste* s'emploie pour parler d'une maladie dont les manifestations sont atténuées. La proximité de forme avec l'adjectif *rustre,* « grossier », « brutal », fait que l'on a ajouté à *fruste* les sens de « rude », « inculte », « mal dégrossi ». Il serait bon de ne pas abuser de cette extension de sens, et on se gardera plus encore d'utiliser le barbarisme *frustre,* produit monstrueux de ces deux adjectifs.

ON DIT

Des manières un peu rustres

Un individu rustre, fruste

ON NE DIT PAS

Des manières un peu frustres

Un individu frustre

G

GAGNER LA VICTOIRE

L'expression *gagner la victoire* constitue un pléonasme vicieux puisque *gagner,* en emploi absolu, signifie déjà « remporter la victoire ». On peut comprendre que la griserie d'un succès et le fait de l'emporter sur ses adversaires provoquent une forme d'exaltation, appellent l'emphase et conduisent à l'hyperbole, mais la victoire n'en sera pas moins belle pour être chantée dans une langue correcte et un peu plus sobre. On pourra en revanche, avec un complément d'objet direct, accompagner le verbe *gagner* de noms désignant l'épreuve en question : *gagner un match, une partie, une élection, gagner un prix,* etc.

ON DIT	ON NE DIT PAS
Remporter la victoire	
L'emporter (sur son adversaire)	Gagner la victoire
Gagner, vaincre, triompher	

GEAI POUR JAIS

Le *geai* est un oiseau, chacun le sait et sait qu'à son sujet La Fontaine composa jadis une fable pour moquer les plagiaires, *Le Geai paré des plumes du paon.* Cet oiseau a un plumage gris mêlé de bleu, de noir et de rouge orangé sur les ailes. Les quelques traces de noir que l'on aperçoit chez lui n'ont rien de remarquable, contrairement à celles que l'on trouve chez son homonyme, le *jais*, cette pierre d'un noir brillant et profond. C'est donc à la pierre que l'on fait allusion, et non à l'oiseau, quand on parle de cette couleur.

ON DIT

Un noir de jais

Des yeux, des cheveux de jais

ON NE DIT PAS

Un noir de geai

Des yeux, des cheveux de geai

GÈNE ET GÊNE

On se gardera bien de confondre ces deux homonymes, très éloignés par le sens, mais qui ne diffèrent dans l'écriture que par un accent. Le nom masculin *gène*, qui désigne un élément constitutif du chromosome, peut facilement s'employer au pluriel. Le nom féminin *gêne*, qui désigne un sentiment de malaise, d'embarras, s'utilise presque exclusivement au singulier.

Étymologiquement, *gène* vient d'une racine indo-européenne **gen-*, **gon-*, **gn* qui traduit l'idée de naissance, de procréation : il appartient à une très grande famille dans laquelle on trouve, parmi tant d'autres, des mots formés avec les suffixes *-gène* et *-génie*, les noms *générateur*, *général* et *gonade*, les verbes *dégénérer* et *engendrer*, les adjectifs *génial* et *généreux*, les prénoms *Eugène*, *Noël* et *René* (les deux derniers étant dérivés du verbe latin *nascor*, « naître », dont la forme ancienne était *gnascor*) et deux ouvrages fondateurs de notre culture, la *Genèse* et la *Théogonie*.

Le terme *gêne*, qui au XIIIᵉ siècle désignait les tortures infligées pour obtenir des aveux, est lui issu du bas francique **jehhjan*, « dire », « avouer ». La dureté des supplices était telle que, du XIVᵉ au XVIᵉ siècle, on a dit et écrit *gehenne*, par rapprochement avec le nom *géhenne*, qui désigne les châtiments de l'enfer (ce dernier est issu de l'hébreu *ge-Hinnom*, « vallée de Hinom », vallée au sud de Jérusalem, où des enfants étaient offerts en sacrifice au dieu Moloch).

GLAMOUR, CHARME ET GRAMMAIRE

Dans un ouvrage paru en 1928 et intitulé *Mes modèles,* le peintre Jacques-Émile Blanche, petit-fils du célèbre aliéniste, écrit : *« "Glamour" est sans équivalent dans notre langue. Nos lexiques donnent : Magie. »*

Que le nom anglais *glamour* signifie d'abord « magie » n'a rien d'étonnant ; ce mot est en effet issu du français *grimoire,* et ce dernier désigne un livre recelant des formules à l'aide desquelles on peut charmer et envoûter qui l'on veut.

En passant du français à l'anglais, *grimoire* s'est donc transformé en *glamour*. Ainsi *to cast a glamour over someone* signifie « jeter un sort à quelqu'un ». Le sens de ce mot s'est ensuite affaibli comme s'est d'ailleurs affaibli le nom *charme* en français : dans l'un et l'autre cas, on est passé de la formule incantatoire à ce qui plaît dans une personne ou dans une chose. *Grimoire,* l'ancêtre de *glamour,* apparaît en français au XIIe siècle et signifie donc « livre de magie », mais ce qui nous intéresse particulièrement, c'est qu'il s'écrit alors *gramaire.* À cette époque en effet, la *grammaire,* en tant qu'objet concret, désignait presque uniquement des livres de grammaire latine, naturellement rédigés en latin, et donc inintelligibles pour le commun des mortels qui, pour cette raison, les soupçonnait de contenir nombre de formules magiques.

Quant au nom *grammaire,* l'ancêtre de *grimoire,* il est issu du latin *grammatica,* lui-même emprunté du grec *grammatikê.* Ce dernier est un adjectif substantivé qui désigne l'art de lire et d'écrire, c'est-à-dire la grammaire. Si *grammaire, grimoire* et *glamour* sont liés, c'est parce que les formules magiques, qui permettent à qui les connaît de se concilier l'aide de puissances supérieures, ne sont agissantes que si elles sont parfaitement énoncées, correctement articulées, que si elles ne contiennent pas de fautes qui leur feraient perdre toute efficacité.

Mais ce n'est pas le seul exemple de la puissance « magique » des mots. *Grimoire* et *glamour* sont liés, pour le sens, on l'a vu un peu plus haut, au nom *charme.* Ce dernier est issu du latin *carmen,* altération de *canmen,* dans lequel on reconnaît la racine *can-,* que l'on a dans *canere,*

« chanter », verbe qui appartient d'abord à la langue magique et augurale comme le prouvent d'autres mots de la même famille, tels *incantation, enchanter* ou *enchanteur*.

Pour conclure, rêvons un peu. Puisque *glamour* et *grammaire* sont parents, ne peut-on espérer lire bientôt dans nos magazines des rubriques de grammaire, annoncées par des formules un peu glamour du type : *Cet été j'ose l'imparfait du subjonctif. Déterminative ou explicative, nos trucs et astuces pour mieux reconnaître et mieux choisir vos relatives. Vaugelas et Ménage, pourquoi ils se querellent. Avec la catachrèse, je rehausse l'éclat de ma conversation ?*

GOURMAND

Naguère était *gourmand* qui aimait manger abondamment. Par métonymie, on l'a employé comme adjectif avec des noms comme *bouche, lèvres, regard, mine,* etc. pour former des expressions marquant un fort désir de nourriture ou de plaisir charnel.

Mais on observe depuis quelque temps un renversement dans les expressions, puisque le gourmand n'est plus celui qui mange, mais ce qui est mangé. On parle maintenant de *produits gourmands,* de *desserts gourmands,* et de bien d'autres encore, quand il aurait suffi que ces produits ou desserts soient pleins de goût ou savoureux. *Livre de cuisine* semble alors une faute, qu'il faut combattre en employant, évidemment, *livre gourmand*. On ne suivra pas cette mode et l'on n'emploiera *gourmand* que pour qui aime les plaisirs de la table et de la chair.

ON DIT	ON NE DIT PAS
De délicieuses pâtisseries	Des pâtisseries gourmandes
Des fruits savoureux, appétissants	Des fruits gourmands
Un café accompagné de mignardises	Un café gourmand

GOÛT, DÉGOÛTER ET RAGOÛTER

Dégoûter ne signifie pas uniquement « inspirer de la répugnance », mais aussi « priver d'appétit », sens devenu rare aujourd'hui : *Si vous lui donnez tant à manger, vous le dégoûterez.* Cette perte de goût, d'abord pour la nourriture, puis pour tout ce qui fait le sel de la vie, n'est pas nouvelle et on s'est depuis longtemps efforcé de la nommer et de la guérir. Être *dégoûté*, ou encore *blasé* (le verbe *blaser* signifie d'ailleurs lui aussi, au sens classique, « émousser le goût par un excès »), c'est éprouver ce que les Latins appelaient le *taedium vitae,* le « dégoût de la vie », et que Cassien, auteur chrétien du vᵉ siècle après Jésus-Christ, appelait *acedia*, qu'il définit comme « un dégoût et une angoisse qui touchent les anachorètes et les moines errant dans les déserts... », et qu'il classe parmi les vices menaçant ces ermites, juste après la tristesse : « *principalia vitia* [...] *quintum tristitiae, sextum acediae* ». Les Pères du désert ont personnifié cette acédie en l'appelant le « démon de midi » (*daemonium meridianum*). Évagre le Pontique, un moine grec du IVe siècle écrit à ce sujet : « *Le démon de l'acédie, qu'on appelle aussi démon de midi, est le plus pesant de tous les démons. Il attaque le moine vers la quatrième heure et l'assiège jusque vers la huitième. Il commence par lui donner l'impression que le soleil est bien long dans sa course, ou même immobile, et que le jour a cinquante heures. Puis il le pousse à regarder sans cesse par la fenêtre, le jette hors de sa cellule pour examiner le soleil et voir si la huitième heure approche. [...] Il lui fait prendre en haine l'endroit où il se trouve et son genre de vie [...].* »

Au chant VII de *La Divine Comédie*, Dante nous montre de type de mélancoliques dans le cinquième cercle de l'Enfer, avec les colériques.

Mais ce dégoût est essentiellement le dégoût des estomacs, puis des sens repus et blasés cherchant dans une course effrénée ce qui pourrait épicer la vie. Cassien évoquait les mauvais moines : on en retrouvera d'autres, beaucoup plus tard, dans *Justine ou les infortunes de la vertu*, qui n'éprouvent plus de plaisir que par l'accumulation de crimes et de perversités. Cependant, même si le proverbe latin dans sa grande sagesse nous explique que *De gustibus et coloribus, non disputandum*, face à ces dégoûtés, à ces blasés, il fallait réagir ; il fallait les *ragoûter*

Le Grand Vocabulaire françois nous propose quelques mets qui pourront faire l'affaire. On y lit à l'article *Ragoûtant* : « *Donnez-nous des cornichons ou quelque chose de ragoûtant* », et à l'article *Ragoûter* : « *On lui a donné des confitures pour le ragoûter.* » Nul doute qu'avec ce mélange d'aigre et de sucré le malade recouvre quelque appétit. Car le « dégoûté » est d'abord un malade, comme l'indiquent ces deux exemples de la quatrième édition de notre *Dictionnaire* : *Ragoûter un malade* et *Il a perdu l'appétit, il faut essayer de le ragoûter.* Mais, de même que le dégoût ne touche pas uniquement les aliments, il semble qu'il n'est point d'appétit qui ne se puisse ragoûter : « *Il n'est plus sensible à ce qui avait accoutumé de le toucher le plus, il lui faut quelque chose de nouveau pour se ragoûter* », est-il écrit dans cette même édition. Hélas, deux éditions plus tard, le mal s'est aggravé : « *Il est tellement blasé qu'on ne trouve plus rien de nouveau pour le ragoûter.* » Quand le remède fonctionne, on passe vite d'une gourmandise retrouvée à des désirs plus charnels. Si on lit dans *Le Dialogue des morts* de Fénelon : « *Ils essaient de nouveaux remèdes pour se guérir, et de nouveaux mets pour se ragoûter* », on lit chez Massillon : « *Rien ne coûte quand il s'agit d'une passion : les difficultés mêmes ragoûtent, piquent, réveillent.* » Notre époque est un peu pessimiste puisque *ragoûter* et *ragoûtant* ne s'emploient plus guère que d'une manière restrictive ou négative : *Ce projet ne me ragoûte guère. Voilà une histoire peu ragoûtante.* Alors que dans le *Grand Vocabulaire françois*, à qui on laissera le soin de conclure, on lisait, il y a un peu plus de deux siècles : « *Il a épousé une jeune femme qui a une physionomie fort ragoûtante.* »

H

HALLUCINER

L'habitude fautive s'est répandue de dire *J'hallucine* pour signifier tout simplement que l'on est très étonné ou, pour employer des expressions consacrées, que « l'on n'en croit pas ses yeux ou ses oreilles », que « l'on croit rêver ».

Le verbe *halluciner,* d'un emploi peu courant, a nécessairement pour sujet un terme désignant une substance aux effets hallucinogènes. *La mescaline hallucine ceux qui en font usage* (on dira plus couramment qu'*elle provoque des hallucinations* ou *est hallucinogène*).

HAS BEEN ET OUT

Ces deux anglicismes, dont les fortunes diffèrent aujourd'hui, sont utilisés pour qualifier des personnes, des objets ou des attitudes qui ne sont plus dans l'air du temps. *Has been* est aujourd'hui en net recul et, devenu lui-même un peu *has been,* il laisse progressivement place à *out.* Notons cependant que leurs emplois ne sont pas identiques : *has been* et *out* peuvent être adjectifs (*ce chanteur est has been, est out*), mais seul *has been* peut être un nom. On aura peut-être le malheur d'être un *has been*, celui d'être un *out* nous sera épargné. Là encore, la langue française n'est pas si pauvre qu'il lui faille recourir à ces anglicismes, puisqu'elle a des formes adjectives convenant aux personnes, comme *dépassé, ringard, d'un autre temps*.

ON DIT	ON NE DIT PAS
Cet acteur est ringard	Cet acteur est complètement has been
Il est d'un autre âge, d'un autre temps	C'est un has been

HEXAGONE, HEXAGONAL

Regarder des cartes de la France à différentes époques de son histoire est plaisant et instructif. Du petit royaume des premiers Capétiens à l'Empire de 1811, qui compte cent trente départements et sept intendances, les changements sont nombreux, d'un territoire à peine plus grand que l'Île-de-France à un empire de 800 000 kilomètres carrés qui s'étend des Bouches-de-l'Èbre aux Bouches-de-l'Elbe et du Finistère à Raguse, sans oublier la Croatie, Rome ou la Carinthie. Peut-être est-ce pour cette raison que le nom *Hexagone* pour désigner la France n'apparaît que dans les années 1930, comme pour l'assurer dans ses nouvelles frontières.

On se gardera d'employer ce nom trop simpliste, oublieux de la Corse et des territoires d'outre-mer, pour désigner la France, et plus encore de faire de l'adjectif *hexagonal* un synonyme de *français*.

ON DIT	ON NE DIT PAS
Les frontières de la France	Les frontière de l'Hexagone
Des mentalités étroitement françaises	Des mentalités étroitement hexagonales

HIPPO- OU HYPO-

Les éléments de composition *hippo-* et *hypo-* sont homophones, mais il importe de ne pas les confondre afin d'éviter de malencontreuses fautes d'orthographe. *Hippo-* est tiré du grec *hippos*, « cheval », et se retrouve dans des formes comme *hippocampe, hippique, hipparque* ou *hippo-mobile*. Il a aussi servi à fabriquer des noms propres comme *Hippo-crate,* « celui qui dompte les chevaux », *Hippolyte,* « celui qui détache les chevaux », *Philippe,* « celui qui aime les chevaux », etc. *Hypo-* est tiré du grec *hupo,* « sous », et se rencontre dans des formes comme *hypothermie, hypothèse* (proprement « action de mettre en dessous ») ou *hypophyse*. Mais la langue est parfois malicieuse et l'on se souviendra que le vin sucré nommé *hypocras* n'est pas lié au préfixe *hypo-,* contrairement à ce que pourrait laisser croire sa graphie actuelle, mais est tiré, après de nombreux détours, du nom *Hippocrate*...

ON DIT	ON NE DIT PAS
Un hippopotame hypocondriaque	Un hypopotame hippocondriaque
Une hypothèse hippocratique	Une hippothèse hypocratique

HISTORIQUE

L'adjectif *historique* a de nombreux sens ; il signifie « qui est relatif à l'histoire », mais aussi « qui a réellement eu lieu », par opposition à *légendaire* ou *fictif*. Il signifie encore « qui est resté dans l'histoire », « célèbre », « mémorable », comme dans *victoire historique, discours historique, journée historique.* Une fâcheuse tendance se répand actuellement qui consiste à étendre abusivement ce dernier sens, et à faire d'*historique* un synonyme de « sans précédent » ou d'« inégalé », ce qu'il convient d'éviter puisque le français dispose déjà de nombreux termes pour traduire cette idée.

La Bourse a atteint son plus
haut niveau, un niveau inégalé

Cet athlète a réussi une
performance exceptionnelle

La Bourse a atteint un niveau
historique

Cet athlète a réussi une
performance historique

HUMEUR, HUMOUR

Il existe d'assez nombreux mots que l'anglais emprunta au français et que l'anglophilie des XVIIIe et XIXe siècles contribua à réintroduire dans la langue française, sous une forme et avec une signification parfois différentes.

Ainsi *humeur* fut emprunté par les Anglais avant même l'époque classique et, parmi les sens du mot français, figurait alors celui d'*originalité facétieuse, penchant à la plaisanterie*. C'est sous la forme d'*humour* que cette dernière acception nous est revenue d'Angleterre.

Aujourd'hui, *avoir de l'humeur* et *avoir de l'humour* ont en français des valeurs presque opposées, l'*humeur* désignant alors une disposition chagrine et l'*humour* la disposition, jugée toute britannique, à s'amuser sans amertume des aspects ridicules, absurdes ou insolites de la réalité.

I-J

IL EST, C'EST UN

Pour présenter une personne, la langue offre plusieurs possibilités, parmi lesquelles les tours *il est* et *c'est un*. Le premier a une valeur de qualification et s'emploie donc sans article, le second une valeur de classification et s'emploie avec l'article. On écrit ainsi *Il est médecin* mais *C'est un médecin*. Dans le premier cas le nom peut être remplacé par un adjectif, dans le second non. On se gardera bien de mêler ces deux formes.

ON DIT

Il est acteur, c'est un acteur

ON NE DIT PAS

Il est un acteur

IL RISQUE DE GAGNER

Le verbe *risquer* signifie « s'exposer à un danger éventuel ou à une situation désagréable ». On ne peut donc l'employer qu'avec des termes appartenant à ces mêmes champs lexicaux. On dira très bien *Il risque de se blesser, de perdre, Il risque un accident,* ou, si ce verbe est employé de manière impersonnelle, *Il risque de pleuvoir.* Mais on ne dira pas *Elle risque de gagner* ni *Nous risquons d'avoir beau temps.* De la même façon, *avoir des chances* ne peut s'employer qu'avec des termes ayant une connotation positive. On dira donc *Il a des chances de réussir* mais non *Le blessé a des chances de ne pas passer la nuit.*

ON DIT

Elle peut réussir son examen, elle a des chances de réussir son examen

Il risque de finir dernier

ON NE DIT PAS

Elle risque de réussir son examen

Il a des chances de finir dernier

IMPÉTRANT AU SENS DE POSTULANT

Le nom *impétrant* a un sens précis dans la langue du droit et de l'administration, mais force est de constater qu'on l'emploie souvent à tort, par une extension abusive, peut-être parce que son caractère un peu savant apporte une teinte d'érudition à un discours. *Impétrant* désigne en effet une personne qui obtient un titre, un privilège d'une autorité compétente, et il s'emploie en particulier pour nommer celui qui vient de réussir un examen. C'est donc un grave contresens de le confondre avec *postulant*, qui désigne le candidat à un emploi, à une fonction, etc.

ON DIT

L'impétrant a signé son diplôme, son arrêté de nomination

Il y a de nombreux postulants pour cette place

ON NE DIT PAS

Le postulant a signé son diplôme, son arrêté de nomination

Il y a de nombreux impétrants pour cette place

IMPLÉMENTER

Le nom anglais *implement* signifie « outil », « ustensile », et le verbe *to implement*, « rendre effectif » et « augmenter ». Ce verbe a pris deux autres sens dans le domaine de l'informatique. Il signifie, en parlant d'un logiciel, l'« installer en réalisant les adaptations nécessaires à son fonctionnement ». On le traduit dans ce cas par *implanter* (*implanter un logiciel*). Il signifie, d'autre part, « effectuer l'ensemble des opérations qui permettent de définir un projet et de le réaliser ». On le traduit alors par *implémenter* (*implémenter un système d'exploitation*). On se gardera de confondre ces deux verbes dans le domaine informatique et l'on évitera surtout, dans la langue courante, d'user du terme *implémenter* pour des réalités ne relevant pas de ce domaine.

Implanter, installer un logiciel

Mettre en place une nouvelle
méthode d'apprentissage

Implémenter un logiciel

Implémenter une nouvelle
méthode d'apprentissage

IMPONDÉRABLE

L'adjectif *impondérable* est dérivé du latin *pondus,* « poids », et signifie
« que l'on ne peut peser, dont le poids échappe aux mesures les plus
précises » ; par extension, cet adjectif s'applique à ce qu'on n'est pas à même
de prévoir, mais qui peut avoir une certaine importance. Le nom tiré de
cet adjectif désigne donc un événement que l'on ne peut ni mesurer ni préciser, mais dont les conséquences sont d'importance. On pourra parler des
impondérables de la politique ou *des affaires,* mais on évitera d'affaiblir
ce nom en en faisant un synonyme de *souci, tracas, ennui, problème,* etc.

ON DIT

Les petits soucis de la vie
quotidienne

ON NE DIT PAS

Les impondérables de la vie
quotidienne

INCLINAISON POUR INCLINATION

Ces deux noms ont la même origine latine, le verbe *inclinare*. Mais si le nom latin *inclinatio*, qui en dérive, réunissait à la fois les sens d'*inclinaison* et d'*inclination*, il convient en français de ne pas employer ces deux termes l'un pour l'autre : *inclinaison* désigne l'état de ce qui est incliné, alors qu'*inclination* désigne le fait de pencher la tête en avant, en signe d'acquiescement, de salut ou de respect, mais aussi le mouvement de l'âme, le plus souvent animée par un sentiment amoureux, qui entraîne vers quelqu'un, vers quelque chose.

ON DIT	ON NE DIT PAS
L'inclinaison d'un toit	L'inclination d'un toit
Saluer d'une inclination de la tête	Saluer d'une inclinaison de la tête
Avoir de l'inclination pour quelqu'un	Avoir de l'inclinaison pour quelqu'un

IRRÉVERSIBLE / IRRÉVOCABLE

L'adjectif *irréversible* signifie « qui ne peut s'inverser, se reproduire en sens inverse ». Il s'applique en premier lieu à des mouvements, à des processus qui ne sont pas soumis au caprice des hommes : on dira ainsi que *l'histoire est irréversible* ou que certaines maladies ont une *évolution irréversible*. Mais cet adjectif s'emploie surtout dans des domaines techniques : il existe par exemple en chimie des *réactions irréversibles*. Enfin, en droit et dans la langue de l'administration, il signifie « qui est attaché à une personne unique » : une *pension irréversible* est ainsi appelée car elle ne peut être reversée à un tiers. Bien qu'ils soient paronymes et que l'un et l'autre traduisent l'impossibilité de revenir en arrière, les adjectifs *irréversible* et *irrévocable* ne sauraient être confondus. *Irrévocable,* dans lequel on reconnaît le nom latin *vox,* « voix », qualifie des décisions humaines définitives, le plus souvent sanctionnées par la justice, que l'on ne peut modifier.

ON DIT	ON NE DIT PAS
Un phénomène irréversible	Un phénomène irrévocable
Un arrêt, un jugement irrévocable	Un arrêt, un jugement irréversible
Une donation irrévocable	Une donation irréversible
Une allocation irréversible	Une allocation irrévocable

J'APPELLE DU 39

Nous avons regretté ici il y a peu que les noms soient trop fréquemment remplacés par des sigles. Ils le sont aussi parfois par des nombres. C'est, par exemple, le cas des départements. On peut parfaitement comprendre que, d'un point de vue administratif, l'usage d'un numéro soit plus clair et plus simple que celui d'un nom pour les désigner. Mais ce n'est pas le cas dans la vie courante. Ces noms ont un sens et donnent des informations géographiques sur chaque département, indiquant le nom d'une montagne qui s'y trouve, *Jura, Pyrénées-Atlantiques,* le nom d'un fleuve ou d'une rivière qui le traverse, *Rhône, Saône-et-Loire.* D'autres sont plus mystérieux, comme le *Calvados,* qui tire son nom du latin *calva dorsa,* « collines chauves », en référence aux hauteurs sans végétation qui servaient de repère aux marins naviguant dans la Manche. Ne nous privons donc pas de ces noms qui sont tellement plus évocateurs que de simples nombres.

ON DIT	ON NE DIT PAS
J'appelle du Jura	J'appelle du 39
Je suis né dans la Manche	Je suis né dans le 50
Je vais en vacances dans les Côtes-d'Armor	Je vais en vacances dans le 22
Je travaille en Seine-Saint-Denis	Je travaille dans le 9.3

JUBILATOIRE

L'adjectif *jubilatoire* signifie « qui inspire, exprime, traduit la jubilation », c'est-à-dire une joie expansive, un contentement extrême et qui ne peut être contenu. Il s'agit, comme on disait naguère, d'un adjectif « de bon aloi », mais dont il convient de ne pas abuser. Or, depuis quelque temps, il est devenu un adjectif passe-partout pour nombre de critiques aux yeux desquels il semble ne plus exister de *bons livres,* de *films réjouissants,* de *pièces que l'on prend un grand plaisir à voir,* mais seulement des *livres,* des *films* et des *pièces jubilatoires.* Il n'est pas certain que cet adjectif soit aussi universel que tendent à le faire croire tous ces emplois ; doit-on se résigner à une telle pauvreté de langage alors que la langue ne manque pas de substituts plus précis ?

JUSTE

Sans doute sous l'influence de l'anglais, on entend dire *C'est juste incroyable, Il est juste magnifique* et même, par une surenchère enthousiaste, *C'est juste trop beau.*

Juste, en français, a certes des emplois adverbiaux, aux valeurs variées et précises. Mais que veut-on dire ici, *au juste,* c'est-à-dire « exactement », « précisément » ?

Il semble qu'il s'agisse d'un effet appuyé d'insistance. Or la langue française offre, à qui veut *parler juste,* des locutions et adverbes variés. On dira par exemple : *C'est tout à fait incroyable, Il est tout simplement magnifique, C'est vraiment beau.*

L-M-N

LOL

Cet acronyme pour *(I am) laughing out loud,* « je ris à haute voix », « j'éclate de rire », s'est fortement répandu ces dernières années. Il est parfois traduit par le sigle *MDR,* « mort de rire ». On préférera donner une version développée de cette abréviation en constatant que ce qui touche au rire use fréquemment de l'hyperbole, ce qui nous permet de choisir entre des formes aussi variées que *mourir, s'étouffer, s'étrangler, hurler de rire,* mais aussi, de manière plus familière, *crouler, crever* et *être plié, se tordre de rire* ou encore, avec un ton un peu désuet, *se pâmer de rire.*

LUXURIEUX POUR LUXURIANT

Même s'ils sont proches phonétiquement, s'ils remontent l'un et l'autre au nom latin *luxus,* « excès », « débauche », puis « faste », même s'ils sont voisins immédiats dans le *Dictionnaire de l'Académie française,* les adjectifs *luxuriant* et *luxurieux* ne sont pas synonymes. *Luxuriant* s'emploie pour qualifier la richesse de la végétation ou, par analogie, de l'imagination, alors que *luxurieux* qualifie qui s'adonne à la luxure, ou ce qui la dénote ou y incite.

ON DIT

Un feuillage luxuriant

Un livre, un spectacle luxurieux

ON NE DIT PAS

Un feuillage luxurieux

Un livre, un spectacle luxuriant

LA MAIRE

Peut-être n'est-il pas inutile de rappeler que *maire* est un nom masculin, que la personne qui exerce cette fonction soit un homme ou une femme, et qu'il convient de distinguer le sexe d'une personne qui exerce une fonction du nom qui désigne cette fonction. Il en va de même pour les autres fonctions comme *ministre* et *préfet* ou, pour d'autres termes plus généraux, comme *témoin* ou *professeur*. À l'inverse, et sans qu'aucun lien unisse ces différents mots, *crapule* et *vedette* sont des noms féminins, que les personnes que l'on qualifie ainsi soient des hommes ou des femmes. On dira donc : *Madame X est le maire de la commune, Monsieur Y est une grande vedette, mais son frère est une crapule.*

Ajoutons pour conclure qu'il n'y a pas de majuscule au nom commun *maire* : cet honneur est réservé au nom de la commune dont il est le premier magistrat.

Madame le maire préside le
conseil

Dans la municipalité précédente
le maire s'occupait de la petite
enfance

Madame la maire préside le
conseil

Dans la municipalité précédente
la maire s'occupait de la petite
enfance

MAJUSCULES AUX NOMS DE JOURS ET DE MOIS

Les noms des jours et des mois sont des noms communs qui forment une catégorie extrêmement limitée, et qui le serait encore quand bien même on y ajouterait les noms des jours et des mois révolutionnaires, comme *quintidi* ou *décadi*, *germinal* ou *vendémiaire*. Comme ce sont des noms communs, ils ne doivent pas, sauf en début de phrase, être écrits avec une majuscule et ils prennent, les uns et les autres, la marque du pluriel.

Nous sommes le lundi 7 juillet

Il vient tous les mardis

Toutes ces dernières années,
nous avons eu de beaux
décembres

Nous sommes le Lundi 7 Juillet

Il vient tous les mardi

Toutes ces dernières années,
nous avons eu de beaux
Décembre

MARTYR ET MARTYRE

Les noms *martyr (un martyr, une martyre)* et *martyre* sont des homonymes, mais ils n'ont pas le même sens. *Martyr,* emprunté, par l'intermédiaire du latin *martyrus,* du grec *martus,* « témoin », apparaît vers 1050 et désigne d'abord une personne qui a souffert pour attester de la vérité de la religion chrétienne ; il remplace la forme populaire *martre,* de même sens, que l'on risquait de confondre avec le petit carnivore de même nom, et qui n'est plus attestée que dans la toponymie, comme dans *Montmartre,* le « mont des martyrs », où furent, selon la légende, tués saint Denis et ses compagnons Rustique et Éleuthère. *Martyr* désigne ensuite toute personne qui souffre ou meurt pour une cause, même si Furetière écrit dans son *Dictionnaire* : « *Martyr* se dit abusivement des Heretiques et de Payens qui souffrent pour la deffense de leur fausse Religion. » Il désigne enfin une personne à qui l'on inflige de nombreux tourments. On dira ainsi *Il est le martyr de ses camarades, elle est la martyre de ses camarades* et, par extension, on pourra parler d'un *pays martyr,* d'une *ville martyre* en faisant du nom *martyr(e)* une apposition.

Martyre, qui apparaît une cinquantaine d'années plus tard, est emprunté, par l'intermédiaire du latin, du grec *martyrion,* « témoignage ». Il désigne le témoignage apporté par celui qui souffre, puis sa souffrance elle-même, les tourments endurés et la mort pour sa foi ou une cause, un idéal.

ON DIT	**ON NE DIT PAS**
Souffrir le martyre	Souffrir le martyr
Souffrir comme un martyr	Souffrir comme un martyre
Côme et Damien, saints et martyrs	Côme et Damien, saints et martyres

MATCHER

Le substantif anglais *match* et le verbe correspondant *to match* peuvent traduire une idée d'affront, de rivalité, de compétition (c'est en ce sens que le substantif est entré dans la langue française), mais ils peuvent aussi évoquer une idée d'harmonie. Ainsi *to be a good match* signifie « aller bien ensemble », et *to match well,* « être bien assortis », « faire la paire ». Comme on le voit, le français dispose de nombreux mots et expressions pour rendre compte de cette idée. On évitera donc d'employer l'anglicisme *matcher* en lieu et place d'« aller bien ensemble », quand bien même *matcher* se serait déjà rencontré en France au début du siècle dernier aux sens de « disputer un match » et d'« affronter un adversaire ».

LE MENTAL

Les commentateurs sportifs nous entretiennent du *mental* d'un sportif ou du *mental* d'une équipe. *C'est son mental qui est défaillant, Il doit travailler son mental.*

Mental ne doit être employé que comme adjectif, et cet emploi substantivé est fautif. On parlera de la *disposition d'esprit*, de l'*état d'esprit*, voire, dans certaines conditions, du *moral* d'un joueur ou d'une équipe.

METTRE À JOUR POUR METTRE AU JOUR

La locution verbale *mettre à jour* signifie « mettre en ordre pour n'avoir aucun retard », et peut s'employer à la forme pronominale (*se mettre à jour pour son travail*). Elle peut aussi s'employer au sens d'« actualiser », comme dans *mettre à jour ses connaissances, mettre à jour son agenda.* Cet emploi connaît aujourd'hui un regain d'usage grâce à la langue de l'informatique où se rencontre fréquemment l'expression *mettre à jour un logiciel.*

La locution *mettre au jour*, quoique voisine de la précédente par la forme, n'a pas la même signification. Elle a d'abord le sens concret d'exhumer : elle est utilisée, par exemple, en archéologie lorsque l'on fait sortir de terre tel ou tel objet, tel ou tel monument. Par extension, on peut aussi *mettre au jour un complot, un scandale,* c'est-à-dire les dévoiler, les rendre publics. On se gardera bien de confondre ces deux expressions et l'on évitera également d'employer l'une pour l'autre les locutions nominales correspondantes *mise à jour* et *mise au jour.*

ON DIT

Ce règlement devrait être mis à jour

Les fouilles ont permis de mettre au jour les murs du temple

ON NE DIT PAS

Ce règlement devrait être mis au jour

Les fouilles ont permis de mettre à jour les murs du temple

MONEY TIME

Les anglicismes sont généralement empruntés à l'anglais, mais on en trouve aussi qui ont été composés dans notre pays et ne se rencontrent pas dans le pays d'où ils sont censés venir. C'est le cas de *money time,* qui s'est d'abord entendu dans des commentaires sportifs de matchs de basket-ball et que l'on rencontre maintenant à propos d'autres sports comme le handball ou le tennis, pour désigner tantôt la fin, tantôt les instants décisifs d'un match. La langue anglaise utilise d'autres expressions pour décrire ce type de situation, la langue française également ; utilisons-les plutôt que cet anglicisme de mauvais aloi.

ON DIT	ON NE DIT PAS
Un panier marqué à la toute fin du match	Un panier marqué pendant le money time
Il a bien joué les points importants	Il a bien joué les points du money time
Un joueur qui sait arracher la victoire	Un joueur de money time

MOTIVÉ POUR ENTHOUSIASTE

L'adjectif *motivé* a d'abord été employé en droit pour signifier « dont on donne les motifs », « justifié ». Il a connu ensuite une grande fortune dans la langue de la psychopédagogie et dans le monde du travail avec le sens de « qui a des motivations », « qui est prêt à faire les efforts nécessaires pour réussir ». On se gardera de confondre cet adjectif avec *enthousiaste,* « qui a un goût très vif », « qui est plein d'ardeur », dont le sens et la construction sont différents.

MUST HAVE

Quelle étrange formule ! On est passé d'une forme verbale, *you must have,*
« vous devez avoir », à un substantif, un *must (have).* Et qu'est-ce donc
qu'il est si important d'avoir ? Ses papiers d'identité ? quelque monnaie ?
une trousse de secours ? un gilet jaune ? Non, mille fois non, on doit avoir
le *must have.* Quant à l'instance énonciatrice qui nous enjoint de pos-
séder ce *must have,* elle est mystérieuse et avance masquée ; elle n'a pas
la force de l'État, elle n'a pas le poids du droit, de la loi, mais elle n'en est
pas moins efficace et prescriptrice.

Faudra-t-il bientôt ajouter dans les livres de grammaire ou dans les ouvrages
de rhétorique une nouvelle partie du discours, cette « injonction de subor-
dination », *must (have),* ou faudra-t-il parler de « devoir d'achat » ? On
dit, on ne dit pas... Est-il vraiment nécessaire de traduire ce *must have* ?
Faut-il lui trouver un équivalent dans la langue de Molière ? Qu'on nous
permette de considérer que cette fois on ne dira rien.

NOMINÉ

Chaque année, à l'occasion des remises de prix à des cinéastes, acteurs,
musiciens... le terme *nominé* revient chez les présentateurs et commentateurs. Rappelons que ce terme emprunté de l'anglais est depuis longtemps
proscrit, le français ayant formé *nomination* à partir du verbe *nommer.*

Pour désigner un artiste retenu dans une sélection, on doit utiliser les termes *sélectionné* ou *nommé*.

NOUS AVONS CONVENU QUE

Le verbe *convenir,* quand il signifie « correspondre aux besoins, aux goûts, aux aptitudes de quelqu'un », se construit avec l'auxiliaire *avoir* ; on dit *Jusque-là cette fonction m'a convenu.* Mais quand *convenir* signifie « décider », « arrêter d'un commun accord », il se construit avec l'auxiliaire *être*. Employer *avoir* dans ce cas est une faute qu'il faut éviter.

ON DIT	ON NE DIT PAS
Ils sont convenus de se revoir mardi	Ils ont convenu de se revoir mardi
Nous sommes convenus que vous parleriez le premier	Nous avons convenu que vous parleriez le premier

O

OFF RECORD

Avant d'avoir le sens d'exploit sportif constaté officiellement et dépassant tout ce qui a été précédemment réalisé dans une même discipline, l'anglais *record* signifie « procès-verbal », « témoignage » ; ce nom est un déverbal de *to record*, « enregistrer », qui est lui-même emprunté du français *recorder*, « se souvenir ». La locution anglaise *off record* sert donc à préciser que ce qui est dit ne doit pas être rendu public. Le français a à sa disposition des formes pouvant exprimer cette idée comme « officieusement », « hors micro » ou « confidentiellement ». Utilisons-les.

ON DIT

Des propos tenus hors micro

Une information confidentielle

ON NE DIT PAS

Des propos tenus off record

Une information off record

ONZE HEURES PASSÉES DE DIX MINUTES

Cette manière d'indiquer l'heure est une affectation très en usage à la radio. On dira *Il est onze heures et dix minutes* ou, plus simplement, *Il est onze heures dix.*

OPÉRER AU SENS D'EXPLOITER

Le verbe *opérer* est emprunté du latin *operari*, « travailler », « s'occuper de ». Il signifie « accomplir », « réaliser », « produire » et aussi, spécialement, « pratiquer une intervention chirurgicale ». On se gardera bien d'ajouter à ces sens ceux de « gérer », « diriger », « exploiter », qui appartiennent à l'anglais des États-Unis : *to operate...* On ne dira donc pas *Les vols intérieurs seront opérés par...* mais *Les vols intérieurs seront assurés par...*

OUI

Oui est, en français, l'adverbe qui marque l'approbation, l'acquiescement. On évitera de lui substituer d'autres adverbes ou locutions adverbiales que l'on détourne de leur sens propre, croyant sans doute donner plus de poids à sa réponse ou à son affirmation. *Absolument, effectivement, tout à fait, exactement, parfaitement* sont excessifs quand il suffit souvent de dire *oui*.

OUTDOOR, INDOOR

Le monde des sports est friand d'anglicismes. Quelques-uns sont parfaitement intégrés à notre langue, en particulier ceux qui désignent les sports eux-mêmes : *boxe, football, basket-ball, water-polo*. Il en existe aussi un grand nombre pour lesquels le français a des équivalents couramment employés, et qui sont donc parfaitement inutiles. C'est le cas des adjectifs *outdoor* et surtout *indoor,* employés trop fréquemment, en particulier en athlétisme, pour désigner des compétitions en plein air ou des compétitions en salle.

ON DIT	ON NE DIT PAS
Une compétition en plein air	Une compétition outdoor
Les championnats de France en salle	Les championnats de France indoor

P-Q

« PARQUEU » DES PRINCES

Au cours de son histoire, le français a forgé des voyelles d'appui pour faciliter la prononciation d'un groupe de consonnes dont la première était souvent un s : ainsi les formes *écrire*, *éponge* ou *étable* nous viennent du latin *scribere*, *spongia* et *stabula*, par l'intermédiaire de l'ancien français *escrire*, *espoinge* et *estable*.

Si aujourd'hui ce phénomène peut encore être justifié s'agissant de mots ou expressions où l'on trouve quatre consonnes à la suite (ainsi le nom du journal *Ouest-France* est souvent prononcé *Ouesteu-France*), on s'efforcera, quand il y a trois consonnes ou moins, de les articuler sans béquille linguistique et l'on dira le *parc des Princes* et non le « *parqueu* » des Princes, l'*Arc de triomphe* et non l'« *Arqueu* » de triomphe.

PARTIAL POUR PARTIEL

Ces deux paronymes, bien que de sens différents, nous viennent tous deux du latin tardif *partialis*. Cet adjectif latin a d'abord qualifié ce qui ne constitue que la partie d'un tout, sens qui a donné le français *partiel,* puis une personne amenée à rendre une décision de justice favorisant l'une des deux parties, sens qui a donné *partial.* Contrairement au latin, le français a, comme on le voit, deux adjectifs différents pour désigner ces deux réalités, deux adjectifs que l'on se gardera bien de confondre.

ON DIT	ON NE DIT PAS
Un résultat, un scrutin partiel	Un résultat, un scrutin partial
Un jugement partial	Un jugement partiel

PARTICIPER À, PARTICIPER DE

Le verbe *participer* peut s'employer absolument. Il signifie alors « prendre part aux activités d'un groupe » et s'emploie beaucoup dans le domaine scolaire. On dira fréquemment d'un élève qu'il doit « participer en cours ». Mais il peut aussi avoir un complément introduit par une préposition. Le sens du verbe variera alors selon qu'il sera suivi de la préposition *à* ou de la préposition *de. Participer à* signifie « prendre part à (une activité donnée) », alors que *participer de* signifie « avoir une similitude de nature avec », « relever de ». On se gardera bien de confondre ces différents sens.

ON DIT	ON NE DIT PAS
Nos amis voudraient participer à la fête	Nos amis voudraient participer de la fête
Ce spectacle participe du cirque et du music-hall	Ce spectacle participe au cirque et au music-hall

PERFORMER

Le terme de *performance*, qui existait déjà en ancien français, a été réemprunté de l'anglais au cours du XIXᵉ siècle pour s'appliquer au domaine du sport. Ayant ensuite conquis divers domaines de la langue, il s'emploie à propos de technique, de linguistique et même, aujourd'hui, d'art.
On évitera cependant d'utiliser, par de nouveaux emprunts, le verbe *performer* et le substantif *performeur* (aussi écrit à l'anglaise *performer*). On dira *accomplir une performance*, on parlera de l'*auteur de la performance*.

PÉRIPLE AU SENS DE VOYAGE

Le nom *périple* est emprunté, par l'intermédiaire du latin *periplus*, du grec *periplous*. Ce dernier est formé à l'aide du nom *plous*, « navigation », et de la préposition *peri*, « autour ». Le périple était à l'origine un voyage par mer autour d'une terre ou une boucle que l'on fait en longeant les côtes à l'intérieur d'une mer ; on parlera ainsi du périple autour du Pont-Euxin de l'historien grec Arrien. On peut légitimement aujourd'hui étendre le sens de *périple* à un voyage qui ne se fait pas par mer, à condition qu'il s'agisse d'un voyage circulaire, mais on ne doit pas donner ce nom à tout voyage de longue durée.

ON DIT

Au terme d'un long voyage
Marco Polo arriva en Chine

Son expédition en Grèce
l'a mené d'Athènes à Olympie

ON NE DIT PAS

Au terme d'un long périple
Marco Polo arriva en Chine

Son périple en Grèce l'a mené
d'Athènes à Olympie

LA PEUR VA GRANDISSANTE

On utilise le verbe *aller* suivi d'un gérondif pour montrer une action dans son déroulement. Ce gérondif peut être précédé de la préposition *en*, mais l'omission de celle-ci est très fréquente. Certains bons auteurs, comme Alexandre Dumas père ou Eugène Sue, ont parfois accordé ce gérondif avec le sujet du verbe *aller*. C'est une erreur qu'il convient de ne pas suivre. On dit *Au sortir du torrent, la rivière va s'élargissant*, et non *s'élargissante*. Rappelons cependant que si un adjectif en *-ant* se rapporte au sujet du verbe *aller*, il s'accorde naturellement avec celui-ci. On écrira ainsi : *Elles allaient riantes et joyeuses à la fête du village.*

ON DIT

Sa santé va s'améliorant

Une rivière sortant de son lit

ON NE DIT PAS

Sa santé va s'améliorante

Une rivière sortante de son lit

PEUREUX

On rencontre depuis quelques années, dans la langue populaire, le verbe *craindre*, appliqué à un lieu, avec le sens d'« être dangereux ». Par une étrange inversion, le sujet de ce verbe n'est plus les personnes qui se trouvent dans un endroit où elles pourraient avoir peur pour leur sécurité, mais cet endroit lui-même. Il convient de ne pas abuser de ce tour.

Ce phénomène d'inversion s'étant étendu depuis peu, on constate l'apparition d'une même métonymie avec l'adjectif *peureux*, auquel on ne donne plus le sens de « qui a peur », mais celui de « qui provoque la peur ».

Il s'agit là d'une extension abusive qu'il convient de proscrire en rendant à ce verbe et à cet adjectif leur véritable sens, leur véritable emploi.

ON DIT

Ce coin est mal famé

ON NE DIT PAS

Ce coin est peureux

PEUT-ÊTRE POUR PEUT ÊTRE

L'adverbe *peut-être* est composé à l'aide de *peut,* forme conjuguée de *pouvoir,* et de l'infinitif *être.* Il sert à exprimer le doute, l'incertitude : *Il viendra peut-être, ce roman aura peut-être du succès.* Placé en tête de phrase, il sert à introduire une hypothèse : *Peut-être aura-t-il été bloqué par la neige.*

Cet adverbe ne doit pas être confondu avec le groupe verbal *peut être.* Rappelons que ce dernier peut varier en temps et en personnes. *Il peut être vainqueur s'il s'entraîne bien, il pourra être vainqueur, nous aurions pu être vainqueurs,* etc.

ON ÉCRIT

Nous aurons peut-être de la pluie

Elle peut être ici dans une heure

Ils ne nous ont peut-être pas attendus

ON N'ÉCRIT PAS

Nous aurons peut être de la pluie

Elle peut-être ici dans une heure

Ils ne nous ont peut être pas attendus

LE PITAINE DES RICAINS

On lisait dans un ouvrage du XIXe siècle qui évoquait l'aphérèse : « [...] au lieu de prouver la vigueur de l'esprit, elle prouve plutôt sa paresse et son ignorance; elle consiste à supprimer une lettre ou une syllabe au commencement d'un mot». Ce procédé appartient surtout à la langue populaire qui a ainsi fait, à partir de noms *Nicolas, Antoinette, Élise* ou *Sébastien*, les formes *Colas, Toinette, Lise* ou *Bastien*. Si quelques mots se sont imposés dans la langue, comme *bus, gnon* (tiré d'*oignon*) ou *tudieu* (tiré de *vertu Dieu*), il convient cependant de ne pas abuser de ce procédé, pas plus que du procédé inverse, l'apocope, comme nous l'avons déjà signalé.

ON DIT	ON NE DIT PAS
Vous allez bien?	Z'allez-bien?
Bonjour, bonsoir	Jour, soir
Les Américains	Les Ricains

PITCH

Ce terme anglais trop répandu ne doit pas être employé. Dans le domaine du cinéma et du spectacle, on peut utiliser *idée, résumé, argument, canevas, intrigue*. Si l'on parle des techniques de la communication, les mots *présentation, argumentaire* et *démonstration* sont des équivalents compris de tous.

PLEUVIOTER, PLEUVINER, PLEUVASSER

L'une des premières choses que l'on apprend en lexicologie, c'est que la richesse ou la pauvreté du vocabulaire dans tel ou tel domaine dépend des conditions de vie des locuteurs : on cite toujours à ce propos l'exemple fameux du grand nombre de noms ou locutions désignant la neige dans la langue des Inuits. Dans un pays comme la France où, comme l'écrit Jean Rouaud dans *Des hommes illustres,* la pluie est « la moitié fidèle d'une vie », on ne s'étonnera pas que la langue soit si riche pour évoquer ce phénomène. On trouve ainsi, à côté de *pleuvoir,* éventuellement complété par *à verse, à flots, à torrents, à seaux, comme vache qui pisse, des trombes,* et bien d'autres encore, les verbes *pleuvasser,* « pleuvoir par intermittence », *pleuviner,* « pleuvoir doucement, à très fines gouttes », *pleuvioter,* « pleuvoir légèrement », mais aussi des expressions comme *Il tombe des cordes, des hallebardes.*

La pluie est une grande source d'images et laisse deviner d'étranges représentations du monde : on dit *Il pleut des crapauds et des chats* en Alsace, *des curés* dans le Berry, *des dents de herse* en Franche-Comté, *des capélans* (des curés) *et des belles-mères* ou *des pressoirs de moulin* en Provence, *des chats pourris* en Picardie, *Il tombe des rabanelles* (des châtaignes grillées) ou *des jambes d'âne* dans le Languedoc, *des marteaux* ou *des fourches* en Bretagne. Nos voisins ne sont pas en reste : on se rappellera que chez nos amis anglais *il pleut des chats et des chiens, des jeunes chiens* ou *des ficelles* en Allemagne, *des tuyaux de pipe* en Hollande, *des pieds de chaise* en Grèce, *des bébés taupes* chez les Flamands, *du feu et du soufre* en Islande et *des trolls femelles* en Norvège.

Cette pluie, il faut le noter, n'est pas perçue de la même manière selon les lieux où l'on se trouve ; elle est peu aimée en ville, elle est vitale à la campagne. Si on lit dans *Romances sans paroles*, de Verlaine : « *Il pleure dans mon cœur / Comme il pleut sur la ville* » ou dans *Spleen*, de Baudelaire : « *Quand la pluie de ses immenses traînées / D'une vaste prison imite les barreaux* », on trouve, dans *La Terre*, de Zola, un véritable hymne à la pluie : « *Mais, le lendemain, Buteau était redevenu gentil, conciliant et goguenard. Dans la nuit, le ciel s'était couvert, il tombait depuis douze heures une pluie fine, tiède, pénétrante, une de ces pluies d'été qui ravivent la campagne ; et il avait ouvert la fenêtre sur la plaine, il était là dès l'aube, à regarder cette eau, radieux, les mains dans les poches, répétant :*

« *– Nous v'là bourgeois puisque le bon Dieu travaille pour nous... Ah ! sacré tonnerre ! des journées passées comme ça, à faire le feignant, ça vaut mieux que des journées où l'on s'esquinte sans profit.*

« *Lente, douce, interminable, la pluie ruisselait toujours ; et il entendait la Beauce boire, cette Beauce sans rivières et sans sources, si altérée. C'était un grand murmure, un bruit de gorge universel, où il y avait du bien-être. Tout absorbait, se trempait, tout reverdissait dans l'averse. Le blé reprenait une santé de jeunesse, ferme et droit, portant haut l'épi, qui allait se gonfler, énorme, crevant de farine. Et lui, comme la terre, comme le blé, buvait par tous ses pores, détendu, rafraîchi, guéri, revenant se planter devant la fenêtre pour crier :*

« *– Allez, allez donc !... C'est des pièces de cent sous qui tombent !* »

PLUS PIRE, MOINS PIRE

L'immense majorité des comparatifs français est analytique : on les forme en adjoignant *plus* à l'adverbe ou à l'adjectif que l'on veut modifier : *Elle est plus grande, il est plus jeune* ; *ils viendront plus tard, ils habitent plus loin.* Il existe aussi quelques comparatifs synthétiques, hérités de la morphologie latine, très rares mais très employés : *meilleur, pire, mieux, pis.* L'ancien français en comptait quelques autres, comme *majeur, maire* (proprement « plus grand », puis « [fonctionnaire] du rang le plus élevé »), *mineur, sire* ou *seigneur* (proprement « plus vieux »), qui, en français moderne, ont perdu leur statut de comparatif. *Meilleur* signifie « plus bon », *mieux* « plus bien », *pire* « plus mauvais » et *pis* « plus mal ». Si, en dehors du langage des tout jeunes enfants, on n'entend guère *plus mieux*, les locutions *plus pire* et *moins pire*, elles, se répandent de plus en plus chez des locuteurs de tous âges. On rappellera que ces formes signifiant « plus plus mauvais » et « moins plus mauvais » sont de graves incorrections. De la même manière, il convient d'éviter les tournures *aussi pire* et *si pire*.

ON DIT	ON NE DIT PAS
Cet hiver est pire que le précédent	Cet hiver est plus pire que le précédent
Son devoir est moins mauvais que le mien	Son devoir est moins pire que le mien
La situation n'est pas aussi mauvaise qu'on le craignait	La situation n'est pas aussi pire qu'on le craignait

PÔLE / ESPACE

Ces deux termes sont indistinctement employés, sans lien avec leur signification réelle, par la langue commerciale et administrative pour baptiser des lieux d'accueil, des magasins, des bureaux, etc.

PONCIF POUR PONTIFE

Le *poncif* tire son nom de *poncer,* parce qu'il est d'abord un dessin dont le tracé, percé de nombreux trous, peut être reproduit sur tout type de surface si l'on promène sur les contours un petit sac rempli d'une poudre extraite de la ponce. À partir de cette idée de dessin reproductible à l'envi, *poncif* a signifié « dessin sans originalité » et, enfin, « lieu commun », « cliché ». Il importe de ne pas confondre ce nom avec son paronyme, *pontife,* qui a d'abord désigné un membre d'un collège de prêtres de la Rome antique et qui, aujourd'hui, s'applique aux évêques dans la religion catholique, mais s'emploie essentiellement pour désigner le premier d'entre eux, le *souverain pontife* ou le *pontife romain,* le pape.

POSITIONNER POUR PLACER

Le verbe positionner s'emploie dans des domaines précis, en particulier technique (*positionner une balise*) et militaire (*positionner des troupes*).

On ne doit pas l'étendre à la langue courante pour donner à ses paroles un vernis d'érudition ou parce que l'on croit, ce faisant, être plus précis. On évitera particulièrement de l'employer en lieu et place des verbes *situer* ou *placer*. On se gardera également d'user de la forme pronominale, *se positionner*, que l'on rencontre de plus en plus au sens de « prendre position sur tel ou tel sujet ». Ces remarques valent tout aussi bien pour le substantif dérivé, *positionnement*.

ON DIT	ON NE DIT PAS
La maison est située en bordure de forêt	La maison est positionnée en bordure de forêt
Je ne sais quel parti prendre, comment me situer dans cette affaire	Je ne sais comment me positionner dans cette affaire

POUR PAS QUE AU LIEU DE POUR QUE NE PAS

La subordonnée complétive de but, encore appelée complétive finale, peut être introduite, entre autres, par la locution conjonctive *pour que* : *Il prie pour qu'il pleuve*. Lorsque cette subordonnée est à la forme négative, la négation se trouve à l'intérieur de la subordonnée, c'est-à-dire après *pour que* : *Il prie pour qu'il ne pleuve pas*. Placer la négation *pas*, ou *ne pas*, entre *pour* et *que* est une incorrection, qui s'accompagne souvent de l'omission de la négation *ne*.

ON DIT	ON NE DIT PAS
Fermez la porte pour que les enfants ne sortent pas	Fermez la porte pour ne pas que les enfants sortent
Il va le voir pour qu'il ne se sente pas seul	Il va le voir pour pas qu'il se sente seul

LA POURPRE, LE POURPRE

Féminin ou masculin ? Pour ce mot comme pour bien d'autres, le genre permet de distinguer deux sens.

La pourpre est ce colorant d'un rouge foncé dont on teignait des étoffes réservées aux plus hauts personnages et qui est devenu symbole de dignité souveraine. *Un manteau de pourpre. La pourpre impériale, cardinalice, romaine.*

Le masculin *le pourpre* s'emploie pour désigner la couleur rouge obtenue par l'usage de la pourpre ou d'autres pigments, ainsi que dans des sens techniques et spécialisés. *Le pourpre et l'azur.*

PRÉCARITÉ

Le terme de *précarité* s'est répandu pour désigner l'incertitude et l'instabilité professionnelles, les difficultés matérielles de toutes sortes dont souffrent trop de personnes.

On évitera cependant de détailler les maux qui touchent les plus démunis par des formules comme *précarité énergétique, précarité alimentaire, précarité scolaire,* dont le caractère abstrait tend vers l'euphémisme. Cette tendance à l'abstraction se retrouve dans l'expression *accidents de la vie,* désignant ce qu'on appelle sans fard les *malheurs, deuils, infortunes, revers, épreuves,* qui conduisent à la précarité.

PRENDRE POUR TÉMOIN, PRENDRE À TÉMOIN

Ces deux expressions ne sont pas, comme on le croit parfois, interchangeables. *Prendre quelqu'un à témoin* signifie « invoquer son témoignage », « le sommer de déclarer ce qu'il sait ». La locution *à témoin* est adverbiale ; *témoin* y est donc invariable. *Prendre quelqu'un pour témoin* peut signifier « se faire assister de cette personne pour certains actes », mais aussi « lui demander d'accepter de rendre compte de ce qu'il sait ». Dans ce cas, *témoin* est attribut du complément d'objet direct de *prendre* et varie en nombre avec celui-ci.

ON DIT	ON NE DIT PAS
Prendre les dieux à témoin de son malheur	Prendre les dieux à témoins de son malheur
Prendre ses voisins pour témoins de la gêne occasionnée	Prendre ses voisins pour témoin de la gêne occasionnée

PRÈS (PRONONCÉ PRÈZE) POUR PRÉSENTATION

L'apocope est une caractéristique de la langue orale et certaines formes abrégées sont passées dans la langue écrite. Ainsi *métropolitain, taximètre, vélocipède* et *automobile* ont donné respectivement *métro, taxi, vélo* et *auto*. *Cinématographe*, lui, a été deux fois abrégé, d'abord en *cinéma*, puis, dans la langue familière, en *ciné*. Les formes en *-ation* se prêtent moins à cette transformation, même si l'on rencontre fréquemment *manip, alloc, manif* ou *bonif* pour *manipulation, allocation, manifestation* ou *bonification*. Si l'usage des abréviations est considéré par certains, en particulier dans le domaine de la communication, comme un symbole de rapidité et de modernité, il convient de ne pas abuser de ce procédé. L'emploi, qui se répand de plus en plus, de *près* en lieu et place de *présentation* est donc à éviter.

PRIME TIME

Cette expression anglaise est couramment employée, alors qu'il existe un équivalent français qu'il conviendrait d'utiliser : *heure de grande écoute*. Cette heure de grande écoute, définie par l'importance de l'audience, et pouvant d'ailleurs varier selon les pays, les régions et, demain, l'usage de nouvelles technologies, est précédée d'une période qu'il convient d'appeler *avant-soirée*, expression préférable à l'anglais *access prime time* qui s'entend dans le jargon audiovisuel. *Un entretien diffusé à l'heure de grande écoute. Une émission d'avant-soirée.*

PROACTIF

L'adjectif *proactif* est un néologisme issu de l'anglais *proactive* : il est apparu dans le domaine de la psychologie pour qualifier une personne qui prend sa vie en main et refuse de se laisser diriger par les événements extérieurs. Malheureusement, il est utilisé aujourd'hui dans un sens étendu, symétriquement à *réactif*, pour parler de quelqu'un qui serait capable d'anticipation. Sans doute la « capacité de réaction » n'est-elle plus suffisante aux yeux de certains qui, grisés par l'accélération du monde, estiment qu'il convient aussi d'être *proactif*, en particulier dans le cadre professionnel. Le français possède suffisamment d'adjectifs et de périphrases qui traduisent l'idée d'anticipation pour que l'on puisse cantonner proactif, si l'on tient à l'utiliser, à ses sens et domaines d'application d'origine.

ON DIT

Il a une grande capacité d'anticipation. Il est entreprenant.

Il ne se laisse pas prendre au dépourvu

ON NE DIT PAS

Il est proactif

PROBLÉMATIQUE

Cet adjectif, employé substantivement au féminin – *une problématique, la problématique* –, appartient à la langue didactique et s'applique à des recherches de caractère érudit ou scientifique appelant, sur un sujet donné, une mise en perspective théorique.

Il paraît présomptueux de vouloir en faire usage à propos des difficultés et des tâches de notre vie courante, ou de tout ce qui nécessite un tant soit peu de réflexion et de concertation. On ne posera pas *la problématique du logement* ou *du travail des femmes*. On ne s'interrogera pas sur *la problématique de la surpopulation carcérale* ou *de la gestion de l'eau potable*. On fuira *la problématique du surpoids, de la dépendance, des déchets*, etc.

PROMETTRE AU SENS D'ASSURER

Le verbe *promettre* suppose un engagement pour l'avenir. Il peut se construire avec un infinitif à valeur de futur : *Je vous promets de venir*, une complétive au futur, ou au conditionnel si le verbe introducteur est au passé : *Tu promets que tu ne le feras plus, Il a promis qu'il laverait la vaisselle*, ou un complément d'objet : *Nous vous promettons une forte récompense si vous réussissez*. On ne peut, en revanche, le faire suivre d'un présent ou d'un passé. Si on doit garantir la véracité d'un fait présent ou passé, on utilisera des verbes comme *assurer, certifier*. On ne dira donc pas *Je vous promets que ce que vous venez de lire est correct*, mais *Je vous garantis que ce que vous venez de lire est correct.*

ON DIT

Je vous assure qu'il est là

Je vous certifie que cela s'est passé ainsi

ON NE DIT PAS

Je vous promets qu'il est là

Je vous promets que cela s'est passé ainsi

PRONOMS RELATIFS

Les pronoms relatifs sont des fossiles vivants. Ils font partie des quelques mots qui ont gardé trace des déclinaisons latines, c'est-à-dire que leur forme dépend de leur fonction. On a ainsi *qui* pour un sujet, *que* pour un complément d'objet direct, *dont* pour un complément de nom ou pour certains compléments circonstanciels et *où* pour un complément circonstanciel. Mais, de leurs ancêtres latins, la plupart des relatifs n'ont pas conservé les variations en genre et en nombre : *qui* est ainsi pronom relatif sujet, que l'antécédent soit un masculin singulier ou un féminin pluriel. Il n'en va pas de même pour les formes composées du pronom relatif, *lequel, laquelle, lesquels, lesquelles,* qui, elles, varient en genre et en nombre, ce qui permet d'ailleurs de lever les ambiguïtés qui surviennent quand le pronom relatif ne suit pas directement son antécédent, surtout à l'oral. *Un homme a crié dans la foule qui était en colère* est peu clair; *Un homme a crié dans la foule, lequel était en colère* l'est plus. Est-ce parce qu'elles sont moins employées que les formes simples que certains en font également une forme invariable? Quoi qu'il en soit, il s'agit d'une faute grossière, qui, de plus, peut amener d'étranges janotismes.

ON DIT

Il a tué une fouine chez son frère, laquelle saignait ses poules.

ON NE DIT PAS

Il a tué une fouine chez son frère, lequel saignait ses poules.

LA PUNAISE ET LA PIN-UP

Le nom *punaise,* terme générique qui désigne différents insectes, est le féminin substantivé de l'adjectif, aujourd'hui vieilli, *punais,* qui signifie « qui pue du nez, de la bouche », car nombre de ces insectes dégagent une odeur repoussante lorsqu'ils se sentent en danger. La langue populaire est assez riche pour désigner ce mal, qui donne à entendre des expressions comme « cocotter du bec », « fouetter du goulot », « avoir une haleine de chacal », « refouler du gosier ». Victor Hugo, qui aimait cette langue, s'en inspirera pour faire dire à Gavroche, dans *Les Misérables*: *« C'est très mauvais de ne pas dormir. Ça vous ferait schlinguer du couloir et, comme on dit dans le grand monde, puer de la gueule. »*

Punais est un mot ancien et se rencontre déjà dans le *Roman de Renart* ;
en témoignent ces vers : « *Filz a putain, vilains punès, / Fet Renard,
qu'alez vos disant ?* » Ce passage est intéressant parce qu'il rapproche
les noms *putain* et *punais*, l'un et l'autre issus du latin *putere*, « puer »,
caractéristique étymologique qu'ils partagent avec le nom *putois*. On ne
s'étonnera donc pas que, dans ce même roman, *Punais* soit justement
le nom du *putois*. Les deux noms, *putain* et *punaise*, ont vu leur nature
grammaticale s'étendre puisque, à celle de substantif, s'est ajoutée celle
d'interjection. Notons au passage que le terme *purée*, qui commence lui
aussi par la syllabe *pu*, a connu une évolution similaire.

On comprend aisément que, lorsque la *punaise* quitte le monde animal pour
désigner des humains, ce ne soit pas dans une intention louangeuse. La forme
de la bête fut source de sarcasmes ; comme cet insecte a une carapace aplatie,
punaise s'est employé pour vilipender des êtres serviles et obséquieux, toujours prêts à s'aplatir devant les puissants. On a aussi usé de ce terme pour
se moquer des femmes dont la poitrine était jugée peu généreuse.

Les morsures des punaises sont, on le verra un peu plus loin, très doulou-
reuses, et *punaise* a donc naturellement désigné une personne méchante,
cherchant à faire le mal. Dans ce cas, *punaise* peut être employé seul, mais
on rencontre aussi souvent *punaise de sacristie*, c'est-à-dire, pour rester
dans la métaphore animale et familière, une forme malfaisante de l'inno-
cente grenouille de bénitier. Ce nom entrait aussi autrefois dans la locution
punaises de caserne pour désigner les femmes qui accordaient plus volontiers leurs faveurs, tarifées ou non, aux militaires, celles-là mêmes qui,
pour reprendre une expression datant de l'époque où l'armée française ne
s'habillait pas de kaki, « donnaient dans le pantalon rouge ».

La punaise s'est bien vengée de ceux qui l'avaient ainsi baptisée, puisque pendant plusieurs siècles elle sera l'ennemie des dormeurs, et les littérateurs qui feront voyager leurs personnages les amèneront souvent à devoir affronter ces redoutables hétéroptères ; c'est ce que fait Gide dans *Les Caves du Vatican* quand il leur livre en pâture le malheureux Amédée Fleurissoire, alors en partance pour Rome :

« Les punaises ont des mœurs particulières ; elles attendent que la bougie soit soufflée, et, sitôt dans le noir, s'élancent. Elles ne se dirigent pas au hasard ; vont droit au cou, qu'elles prédilectionnent ; s'adressent parfois aux poignets ; quelques rares préfèrent les chevilles. On ne sait trop pourquoi elles infusent sous la peau du dormeur une subtile huile urticante dont la virulence à la moindre friction s'exaspère. [...] Et tout à coup, il sursauta d'horreur : des punaises ! ce sont des punaises !... Il s'étonna de ne pas y avoir pensé plus tôt ; mais il ne connaissait l'insecte que de nom, et comment aurait-il assimilé l'effet d'une morsure précise à cette brûlure indéfinie ? [...] Il aperçut alors trois minuscules pastilles noirâtres qui prestement se muchèrent dans un repli de drap. C'étaient elles !... Mais peu après, soulevant de nouveau son traversin, il en dénicha une énorme : leur mère assurément. »

Mais, et c'est peut-être une consolation pour cette bestiole, par analogie de forme, *punaise* a aussi désigné un petit clou à tête plate servant à fixer des images, des affiches – un objet que les Américains appellent *pin,* nom que l'on retrouve dans *pin-up,* désignant une jeune femme peu vêtue au charme provocant, dont certains ont coutume d'accrocher la photo sur leurs murs, et qui pourrait nous faire songer à quelque punaise évoquée ci-dessus...

QUELQUE PART

Quelque part s'emploie pour parler d'un lieu indéfini, qu'on ne peut ou ne veut nommer. *Il est caché quelque part, nous voudrions bien savoir où.* La mode s'est répandue d'utiliser cette locution pour exprimer le vague de sa pensée.

Je pense, quelque part, que... Quelque part, on peut dire...
Si l'on veut faire état de sa réserve ou de sa perplexité, on dispose des expressions *d'une certaine manière, en quelque façon, en quelque sorte,* etc.

QUI EST LE MIEN

Nous avons regretté il y a peu l'effacement de *oui* au profit d'adverbes plus longs ou de périphrases de même sens. On constate aujourd'hui un phénomène du même ordre concernant l'adjectif possessif *mon,* qui tend à être remplacé par la relative « qui est le mien ». Ce tour n'a rien de condamnable en soi et peut correspondre à des choix stylistiques. On le trouve chez de très bons auteurs comme Verlaine, Loti, Bloy, Cendrars, Green, ou encore chez Jacques Brel qui chante *Le plat pays qui est le mien.* Les formes *qui est le nôtre, qui est la nôtre* renvoient fort bien à ce que, en tant qu'hommes, nous partageons tous : *le monde qui est le nôtre, la condition qui est la nôtre,* etc. Mais il existe aussi nombre de cas où cette périphrase n'ajoute rien au sens et où l'adjectif possessif *mon* serait tout à fait suffisant.

Il serait sans doute possible d'éviter la prolifération, en particulier dans le discours politique, de formules dont le caractère emphatique masque mal la vacuité, comme *l'engagement qui est le mien, les responsabilités qui sont les miennes, les valeurs qui sont les miennes.*

R

RAOUT

La forme de ce mot témoigne d'un va-et-vient entre le français et l'anglais. L'ancien français possédait le mot *rote* ou *route,* désignant une troupe en marche. L'anglais le lui a emprunté pour désigner une compagnie d'individus, une bande, puis lui a donné le sens que nous connaissons aujourd'hui de *grande réception officielle ou mondaine.*

Notre ancien mot français a gagné au xixᵉ siècle, par cet échange, une orthographe qui tend à rendre compte d'une prononciation à l'anglaise. Cela lui vaut aussi d'être employé en français avec une pointe de snobisme, souvent teintée d'ironie.

REGRETTER SES PAS, PERDRE SON HUILE

Pour dire que l'on regrette la peine que l'on s'est donnée, le français dispose de diverses expressions comme *regretter ses pas* ou *plaindre ses pas.* L'Antiquité ne manquait pas non plus d'expressions similaires.

La plus en usage était sans doute *oleum et operam perdere,* « perdre son huile et sa peine ». Si cette expression se rencontrait si souvent, c'est parce que l'huile était un produit de grande valeur dans l'Antiquité et qu'on en faisait de nombreux usages.

Elle servait tout d'abord à oindre lutteurs et gladiateurs. Dans une de ses lettres, Cicéron écrit que Pompée avait perdu *oleum et operam* à organiser des combats de gladiateurs. Cette expression entre dans un proverbe cité par saint Jérôme : *Oleum perdit et impensas qui bovem mittit ad ceroma,* « Il perd son huile et son argent celui qui envoie un bœuf au gymnase où s'oignent les lutteurs », car bien évidemment les bœufs ne combattaient pas dans l'arène. On userait peut-être aujourd'hui de l'expression familière *peigner la girafe*...

Mais l'huile permettait également aux intellectuels de s'éclairer pour lire et écrire la nuit. Pour eux, perdre son huile, c'était produire un ouvrage de peu d'intérêt. On disait aussi qu'un écrit sentait l'huile de lampe si on y percevait trop les efforts laborieux de l'auteur.

L'huile était enfin utilisée comme produit de beauté ; si, après s'être enduites d'huile parfumée, les prostituées ne parvenaient pas à séduire, elles aussi se lamentaient en disant qu'elles avaient perdu leur huile ; elles devaient aussi *regretter leurs pas,* même si, dans l'Antiquité, le nom *péripatéticien* désignait essentiellement Aristote et ses disciples qui avaient l'habitude de philosopher en marchant.

REMEMBRANCE

Le nom *remembrance* est aujourd'hui considéré comme littéraire ou vieilli. L'anglais nous a emprunté cette forme ; on la trouve d'ailleurs dans la première traduction d'*À la recherche du temps perdu*, *Remembrance of things past*, retraduit ensuite de façon plus littérale par *In search of lost time*.

Le français *remembrance* est dérivé de l'ancien français *remembrer*, « se souvenir », qui a donné l'anglais *to remember*. Ce verbe ancien, issu du latin *remomari*, est un doublet populaire de *remémorer* qui l'a supplanté.

Remembrance est un nom très ancien, qui est déjà présent dans *La Chanson de Roland* : « *Repairet lui vigur e remembrance* » (« La force et la mémoire lui reviennent »).

On lit aussi dans une lettre du roi Édouard Ier d'Angleterre, en 1279, qui, comme tous les souverains anglais jusqu'à la fin du xive siècle, écrivait en français : « *Solum la furme de la pes ke jadis fu fete et acordé entre soen père et le nostre de noble remembrance* » (« Selon la forme de la paix qui fut établie jadis entre son père et le nôtre de noble mémoire »).

Et souvenons-nous que Rimbaud a écrit *Les Remembrances du vieillard idiot*.

Par métonymie, *remembrance* a aussi désigné ce qui est destiné à conserver le souvenir : « statue », « image », « portrait ». On lit par exemple dans un texte du xve siècle : « *Pour avoir fait et taillé en pierre de Saint Leu la remembrance du Roy...* »

On notera que le suffixe -*ance* semble contribuer à repousser dans un temps plus lointain les souvenirs puisque, à côté de *remembrance*, le français dispose du synonyme lui aussi un peu archaïsant qu'est *souvenance*.

REMINDER

L'anglicisme *reminder* est dérivé du verbe *to remind*, « rappeler ». Un usage à la mode consiste à l'employer en français pour désigner un message, en particulier un message électronique, destiné à rappeler des tâches à accomplir ou des événements à ne pas manquer. Le français dispose de termes ou d'expressions de sens équivalent. Pourquoi ne pas les employer ?

ON DIT	ON NE DIT PAS
Rappel : la soirée aura lieu samedi	Reminder : la soirée aura lieu samedi
Envoyez-moi un message pour me rappeler que...	Envoyez-moi un reminder pour me rappeler que...
Je vous ai laissé un mémento	Je vous ai laissé un reminder

REVENANT-BON, REVENEZ-Y

Le nom *revenant-bon* a été utilisé pour désigner un « gain », un « bénéfice », quand ce dernier terme n'avait pour sens que ceux de « bienfait », « bien-fonds attaché à une dignité ecclésiastique » ou « faveur accordée par le roi ou le souverain ». On lit ainsi dans *Le Grand Vocabulaire françois* :

« Revenant-bon, se dit des deniers qui restent entre les mains du comptable. *Le fonds était de dix mille francs, on n'en a employé que quatre mille, c'est six mille livres de revenant-bon.* »

Par la suite, *revenant-bon* s'emploie surtout figurément pour désigner quelque avantage attaché à un état, à une fonction. Ce sont ces sens que présente la quatrième édition du *Dictionnaire de l'Académie française* : *« Le plaisir de pouvoir rendre quelquefois service à mes amis, est le seul revenant-bon de mon emploi. Il s'est attiré bien des moqueries, c'est le revenant-bon de ses faux airs. »*

L'expression *C'est le revenant-bon du métier* est même devenue proverbiale pour désigner les profits et avantages attachés à telle profession, mais assez vite, elle s'est employée surtout ironiquement : *Cet espion a été roué de coups, c'est le revenant-bon du métier.*

Ce participe présent substantivé est aujourd'hui considéré comme vieilli ; il est peu à peu sorti de l'usage au profit de formes comme *avantage, profit* et, surtout, *revenu,* la langue semblant préférer le participe passé, peut-être considéré comme plus assuré que le participe présent. C'est aussi à partir du verbe *revenir* que la langue populaire a tiré l'expression *revenez-y* ou, plus exactement, *un petit goût de revenez-y,* que l'on emploie pour parler de tel ou tel plat, de telle ou telle boisson, qui sont si savoureux qu'ils semblent en eux-mêmes une invite à se resservir ou à se faire resservir.

ROMPRE LA PAILLE, ROMPRE LES CHIENS

Le verbe *rompre* entre dans la composition de très nombreuses expressions, figurées ou non. Le sens de la plupart d'entre elles se laisse aisément deviner, comme celui de *rompre des lances,* expression empruntée au vocabulaire de la chevalerie. D'autres sont moins claires, comme *rompre l'anguille au genou,* qu'on emploie pour évoquer quelqu'un qui use bêtement et en vain sa force. *Rompre les chiens* appartient d'abord au vocabulaire de la vénerie et signifie que l'on empêche les chiens de continuer la chasse, surtout s'ils se sont fourvoyés et ne poursuivent pas le bon gibier. Cette expression signifie figurément aujourd'hui, comme on le lisait déjà dans la première édition de notre *Dictionnaire*: *«Empescher qu'un discours qui pourroit avoir quelque mauvaise suite ne continuë». La paille est rompue* est une expression dont le sens est moins clair. Il s'agit de la modernisation d'une forme médiévale *Li festus est rous* («Le fétu est rompu»), ce qui signifie que, quand le fétu, ancien nom de la paille, est coupé, le fruit n'a plus qu'à tomber, que tout est terminé. Cette expression se trouve déjà dans le *Roman d'Alexandre* et le *Roman de Renart* et il en existe quelques variantes, comme *Li festus est rous,* «La paille est tondue».

Le verbe *rompre,* qui est au cœur de ces expressions, est issu du latin *rumpere* qui, sous une forme ou une autre et à l'aide de ses dérivés, est à l'origine de nombreux mots français. Là encore, il en est dont le lien avec cette forme de départ est évident, comme *interrompre, corrompre, éruption, irruption, rupture.*

Mais il en est d'autres dont le rapport avec *rompre* est moins direct. Ainsi, les adjectifs *abrupt* et *rupestre.* Le premier est emprunté du latin *abruptus,* « escarpé », « coupé brusquement », lui-même participe passé de *abrumpere,* « détacher en brisant ». La sixième édition du *Dictionnaire de l'Académie française* écrivait, fort justement, au sujet de cet adjectif : « *Il se dit des terrains et des rochers bizarrement coupés, et comme s'ils avaient été rompus.* » Le deuxième est tiré du latin *rupes,* qui désigne une roche et, plus précisément, une roche résultant de quelque fracture. *Rupestre* va donc qualifier ce qui concerne les roches et, spécialement, les parois des cavernes.

Parmi les noms appartenant à la large famille de *rumpere,* on trouve le mot *roture.* Il s'agit d'un doublet populaire de *rupture,* qui a d'abord désigné le défrichement d'une terre, puis la terre elle-même. *Roture* a ensuite désigné la taxe payée à un seigneur pour ce défrichement, puis le bien soumis à cette taxe, c'est-à-dire un bien non noble. *Roture* est issu de *rupturus,* participe futur de *rumpere,* dont le participe passé *ruptus* a donné notre *route.* La route, c'est la *via rupta,* la route ouverte, frayée, l'endroit où l'on a rompu les obstacles et creusé le sol pour ouvrir un passage. *Route* avait un homonyme homographe en ancien français, de même étymologie, mais qui désignait une troupe, une bande de soldats détachés de leur armée et vivant essentiellement de rapines. Les Anglais nous ont emprunté ce mot pour en faire leur *rout,* qui désigne aujourd'hui une foule bruyante ou, dans le domaine du droit, un attroupement illégal, et enfin une soirée mondaine où se presse une foule nombreuse. C'est ce dernier sens qui est à l'origine de notre *raout.* C'est aussi de l'ancien français *route,* au sens de « bande d'hommes armés », que nous vient le nom *routier,* qui, autrefois, ne désignait pas de sympathiques chauffeurs de camion – dans les cabines desquels, nous apprend certain dictionnaire, sont affichées des *pin-up* –, mais des soldats irréguliers et des bandits de grand chemin, qui, aux XIIe et XIIIe siècles, mirent à sac les provinces de notre pays.

ROUFLAQUETTE

On ne connaît pas vraiment l'origine de ce mot pittoresque apparu au XIXe siècle en français, désignant d'abord une mèche de cheveux formant un accroche-cœur sur la tempe, dont la mode est aujourd'hui abandonnée, puis une patte de cheveux descendant sur le côté de la joue, de l'oreille vers le menton, mode dont la vogue ne s'est, elle, pas démentie. *Porter des rouflaquettes.*

Appelés plus noblement *favoris* ou, plus prosaïquement, *pattes de lapin,* parfois même *côtelettes* lorsqu'ils s'étalent en triangle sur la joue, ces attributs pileux plus ou moins touffus doivent aller de pair avec un menton glabre pour mériter cette appellation.

RUNNING

Une nouvelle activité physique est apparue, qui, assurément, n'avait jamais encore été pratiquée. Voici en quoi consiste cette chose si surprenante qu'elle n'a pas encore été nommée en français : on se vêt d'une

tenue sportive et l'on s'en va courir à pied, pour son plaisir, pour se maintenir en forme, pour se changer les idées, etc. Cette activité s'appelle le
running, mot anglais dérivé de *to run,* « courir ». Avouons qu'il faudrait
singulièrement être de mauvaise foi pour trouver quelque ressemblance
entre cette pratique si neuve et celles que l'on appelait, en des temps très
anciens, *course à pied* ou naguère, à l'aide d'anglicismes entrés dans la
langue, *footing* ou *jogging*.

ON DIT

Je vais courir

Des chaussures de course
à pied

ON NE DIT PAS

Je vais faire du running

Des chaussures de running

S

SATYRE, SATIRE

Ces deux homonymes sont trop souvent confondus, mais leurs sens, leur origine et leur genre sont différents ; l'un nous vient de la mythologie, l'autre de la cuisine. *Satyre,* nom masculin, est emprunté, par l'intermédiaire du latin *Satyrus,* du grec *Saturos.* Ce dernier est un demi-dieu rustique, compagnon de Dionysos et traditionnellement représenté avec de longues oreilles pointues, de petites cornes sur la tête, une queue et des jambes de chèvre. Devenu nom commun, il désigne aujourd'hui un homme particulièrement lubrique. *Satire,* nom féminin, est emprunté du latin *satira* ou *satura,* qui a d'abord désigné une macédoine de légumes, un mets regroupant toutes sortes d'ingrédients, puis, en littérature, une pièce comique mêlant différents genres. Aujourd'hui *satire* désigne une œuvre pleine d'ironie mordante. Notons d'ailleurs que les liens entre cuisine et art ne sont pas si rares : en témoignent les mots *farce* ou *potpourri,* passés eux aussi de l'une à l'autre.

ON DIT

Une satire contre le pouvoir

Un satyre au comportement obscène

ON NE DIT PAS

Une satyre contre le pouvoir

Un satire au comportement obscène

SCOTCHER

La langue usuelle forme parfois des mots à partir des noms de marque, comme le verbe *klaxonner* naguère, et le verbe *scotcher* aujourd'hui. On évitera d'employer ce dernier verbe figurément dans des emplois familiers, là où la langue française dispose de nombreuses expressions.

Ainsi on ne dira pas *Il est scotché à son siège* mais *Il est collé, rivé à son siège*, ni *Le malheureux reste scotché à sa femme, Ils sont scotchés l'un à l'autre*, mais *Le malheureux reste sans cesse aux côtés de sa femme, Ils ne se séparent jamais*. Quant à l'emploi absolu, *être scotché*, on l'évitera au profit de *rester immobile, privé de mouvement, rester* ou *être interdit, stupéfait, bouche bée, confondu*, etc.

SE RÉALISER

Se réaliser dans son travail, dans sa vie de famille, dans son couple, parvenir à se réaliser soi-même.

La quête de l'épanouissement personnel incite nos contemporains à abuser de ce verbe. On lui préférera *s'accomplir, s'épanouir, se développer*.

SE RESSOURCER

L'idée de retour aux sources, aux principes, aux origines se traduit parfois, dans le domaine de la religion et de la morale, par le terme *ressourcement,* installé dans la langue depuis un siècle. *Ressourcement théologique, spirituel.* De ce substantif est né un verbe, *ressourcer,* resté très rare jusqu'à ce que la mode s'en empare et en fasse un verbe pronominal, *se ressourcer,* tout entier voué à l'idée du bien-être de l'individu. *On part en vacances se ressourcer, on se ressource par une cure, par un voyage.* Des lieux, des cours, des techniques permettent à l'homme moderne de *se ressourcer.* Le mot perd évidemment son sens dans ces emplois confus. On dira, pour éviter ce néologisme prétentieux, que l'*On part se reposer, retrouver des forces, la sérénité, le calme,* etc., ou même que l'*On retourne à la source, aux racines.*

SE SUCCÉDER AU PARTICIPE PASSÉ

L'accord des verbes pronominaux conjugués aux temps composés est souvent source d'interrogations ou de difficultés. Le verbe *se succéder* est visiblement un de ceux qui donnent du fil à retordre à nos correspondants. Rappelons que pour accorder le participe passé, il convient de s'interroger sur la fonction du pronom réfléchi complément. Dans le groupe verbal *se succéder, se* est un complément d'objet indirect. Si on *remplace une*

145

personne, on *succède à quelqu'un,* on *lui succède.* Ce qui explique qu'au participe passé, *succéder* est invariable puisque le pronom *se* n'est pas complément d'objet direct. On écrira donc *elles se sont succédé,* comme on écrit *elles se sont parlé.*

ON ÉCRIT

Les différents champions qui se sont succédé

ON N'ÉCRIT PAS

Les différents champions qui se sont succédés

SÉCURE, INSÉCURE

Le latin *securus* a donné le français *sûr.* Et, si l'on trouve dans un texte du xive siècle « *la securissime cité de Capue* (Capoue) », il s'agit d'un latinisme qui transcrit le superlatif *securissima.* Les formes *sécure* et *insécure* sont des anglicismes que l'on ne doit pas employer pour *sûr, de confiance* ou *dangereux, qui n'est pas sûr.*

ON DIT

Il n'est pas digne de confiance

Un endroit dangereux

Rouler prudemment

ON NE DIT PAS

Il n'est pas très sécure

Un endroit insécure

Rouler sécure

SENS DESSUS DESSOUS, TOURNER LES SANGS

Sans et *sang* sont homonymes. Dans *sens,* le *s* final se fait entendre, sauf dans les formes *sens dessus dessous* et *sens devant derrière.* Dans ces expressions, la présence du nom *sens* est assez récente. On disait autrefois *ce en dessus dessous,* c'est-à-dire que ce qui devait être dessus se retrouvait dessous. Ces deux mots, *ce* et *en,* ont été réunis en *cen,* que l'on a ensuite confondu avec l'ancien français *sen,* « chemin », « sentier ». Quand *sen* est sorti d'usage et n'a plus été compris, on l'a remplacé par *sens,* mais en en conservant la prononciation. C'est cette prononciation qui explique que cette forme est parfois incorrectement orthographiée et que l'on peut lire *sans dessus dessous.* Rappelons aussi que l'on doit écrire *tourner les sangs* et non *tourner les sens,* même si cette expression se trouve dans plusieurs nouvelles de Maupassant.

ON DIT

Mettre tout sens dessus dessous

L'angoisse lui tourne les sangs

ON NE DIT PAS

Mettre tout sans dessus dessous

L'angoisse lui tourne les sens

SÉRENDIPITÉ

Depuis une dizaine d'années, le nom *sérendipité* est entré dans l'usage en français. Il s'agit d'un emprunt de l'anglais *serendipity,* « don de faire par hasard des découvertes fructueuses », un mot créé par Horace Walpole et qu'il avait tiré d'un conte oriental, *Les Trois Princes de Serendip* (1754), *Serendip* ou *Serendib* étant une ancienne transcription anglaise de *Sri Lanka*, ce dernier étant lui-même composé du sanscrit *sri*, « souveraineté », « richesse », « éclat », et *lanka*, primitivement *langkâ*, que l'on a rapproché du grec *lagkanein*, « obtenir par le sort ». *Serendip* est donc cette terre bénie des dieux où la fortune semble être offerte à chacun.

On constatera avec étonnement que c'est sur leur propre territoire que les habitants du Sri Lanka ont placé cette possibilité d'obtenir richesse et prospérité.

Le plus souvent, ces contrées merveilleuses sont situées en des terres lointaines : songeons au « pays d'Eldorado », cher à Candide, aux territoires situés « outre l'arbre sec » (un arbre mort qui continue à donner des fruits et qui marquait au Moyen Âge les limites du monde connu) dont parle *Le Jeu de saint Nicolas,* ou, dans le monde ancien, à l'*île Fortunée,* encore appelée l'*île des Bienheureux,* que les Grecs voyaient comme une forme de paradis et où se retrouvaient ceux dont la conduite avait été exemplaire, une île située aux confins occidentaux du monde connu et que l'on a supposée être tantôt les Canaries, tantôt les îles du Cap-Vert.

Aujourd'hui le nom *sérendipité* s'emploie fréquemment dans le monde scientifique pour désigner une forme de disponibilité intellectuelle, qui permet de tirer de riches enseignements d'une trouvaille inopinée ou d'une erreur. On parlera ainsi de *sérendipité* à propos d'un brillant mais négligent chercheur anglais qui avait la réputation d'oublier régulièrement ses boîtes à culture, et qui, rentrant de vacances, eut la surprise de découvrir dans l'une d'elles qu'une forme de moisissure avait empêché le développement des bactéries. Alexander Fleming venait de découvrir la pénicilline.

Pour conclure sur les moisissures, on pourrait aussi songer à ce berger inconnu qui, ayant oublié un fromage dans une grotte, découvrit le roquefort. Rappelons enfin que l'on peut aussi employer le nom *fortuité,* tiré du latin *fors,* « chance », « hasard ».

SHOOTER UN MAIL

Cet anglicisme emprunte au monde des armes à feu : *shooter* n'a pas ici le sens de lancer un ballon ou taper dedans, mais celui de faire feu, comme avec une mitraillette. *Shooter un mail,* c'est envoyer un courriel à un grand nombre de correspondants. Il s'agit là d'un procédé relativement ancien que l'administration des postes a baptisé depuis assez longtemps du nom parfaitement explicite d'« envoi en nombre » ou « envoi groupé », auquel correspond la locution verbale « envoyer en nombre ». Ces locutions, qui ont été validées par l'usage pour le courrier postal, pourraient parfaitement être employées pour le courrier électronique.

ON DIT

Envoyer un courriel en nombre

Arroser de courriels

ON NE DIT PAS

Shooter un mail

SHORT LIST

On traduisait naguère les locutions anglo-américaines, qu'elles soient figurées ou non. *Cols bleus* et *cols blancs* sont les traductions littérales de locutions anglaises. On utilise « guerre froide », pour traduire la locution *cold war,* créée par George Orwell, ou « rideau de fer », pour traduire la forme *iron curtain,* popularisée par Winston Churchill. Est-ce par souci de modernité, par snobisme ou par manque de confiance dans notre langue que depuis quelque temps on préfère garder sans les traduire ce type de locutions ? C'est le cas pour *short list,* qui désigne, dans le cas d'un processus de choix, une liste où figurent les candidats ayant passé avec succès le cap des premières sélections. Pourquoi ne pas employer la locution « liste restreinte », ou « étroite », ou encore une périphrase, évoquant cette réalité, et plus conforme au génie de la langue française.

ON DIT

À l'issue de cet entretien, il fait toujours partie des candidats pour le poste / Il est sur la liste restreinte, étroite

Il est parmi les derniers candidats susceptibles d'obtenir tel prix littéraire

ON NE DIT PAS

À l'issue de cet entretien, il est sur la short list pour le poste

Il est sur la short list pour tel prix littéraire

SHOW OFF

On entend de plus en plus souvent en français le terme *show off*. Ce groupe, au statut linguistique mal déterminé et qui est tantôt nom (*Il fait du show off*), tantôt adjectif (*Il est un peu show off*), renvoie à l'idée générale d'une manifestation de soi dénuée de toute trace de modestie. C'est d'ailleurs le sens du verbe *to show off* en anglais, qui signifie « mettre en valeur » et, péjorativement, « faire étalage de » et enfin « se faire remarquer », « frimer ». Ce type d'attitude étant universellement partagé, le français a, lui aussi, à sa disposition du matériel linguistique, appartenant à divers niveaux de langue, propre à traduire cet état d'esprit et les comportements qu'il induit. Il n'est que de songer, par exemple, à des termes ou locutions comme *faire le malin, le mariole, le beau* ou *le paon, crâner, se pavaner, parader, plastronner, poser* ; ou à d'autres au charme un peu désuet, comme *coqueter, hancher, mignarder,* ou encore à *poitriner,* si cher à Barbey d'Aurevilly qui écrivit dans *Les Diaboliques* : « *Le capitaine poitrinait au feu, comme une belle femme au bal, qui veut mettre sa gorge en valeur.* »

SIGLES ET ACRONYMES

Les sigles et acronymes, parce qu'ils sont plus courts que les formes qu'ils abrègent, permettent de gagner du temps et de l'espace. Rappelons qu'un acronyme est un sigle que l'on prononce comme un mot ordinaire (Onu, Capes, Unesco). On peut donc légitimement en faire usage, mais dans ce cas, comme dans de nombreux autres, la modération est une bonne chose et l'abus dangereux.

Il convient surtout, avant d'y avoir recours, de se demander si les personnes à qui l'on s'adresse sont au courant de leur signification, en sachant bien que le même sigle ou le même acronyme peut avoir plusieurs significations. Le très précieux et très sérieux *Dictionnaire des sigles* nous apprend ainsi que l'acronyme Uni peut désigner à la fois l'*Union nationale interuniversitaire* et l'*Union naturiste internationale,* mais aussi l'*Union nationale des indépendants* (au Burkina-Faso), l'*Union nationale pour l'indépendance* (à Djibouti) ou encore l'*Union des nations indigènes* (au Brésil). Rappelons aussi que le sigle UMP peut signifier *Union pour un mouvement populaire* ou *Urgences médicales de Paris...*

Il est donc préférable, si l'on ne veut pas mettre son interlocuteur en difficulté, de développer le sigle ou l'acronyme que l'on utilise pour la première fois pour en donner la signification. On se rappellera aussi que l'on parle et que l'on écrit pour être entendu, lu et compris, et que ces formes abrégées sont parfois des écrans qui voilent le sens des phrases dans lesquelles elles figurent.

SINGLE

L'adjectif anglais *single,* « simple », « unique », est issu, par l'intermédiaire de l'ancien français *sangle,* « simple », « solitaire », que l'on avait par exemple dans *porc sangle,* « sanglier », du latin *singulus,* « seul », « unique ». La forme substantivée de cet adjectif a été popularisée en français par l'industrie du disque, un *single* désignant, à l'origine, un disque vinyle sur lequel n'était enregistrée qu'une chanson par face. Depuis, ce terme s'est étendu à de nombreux autres domaines et désigne un aller simple, une chambre pour une personne, etc.

Dans tous ces cas, il pourrait être remplacé par un nom français accompagné de l'adjectif *simple,* et nous pouvons avoir quelques raisons d'espérer puisque, quand cet anglicisme est apparu en français, il désignait un match de tennis en simple et que, avec ce sens au moins, il a entièrement disparu.

ON DIT	ON NE DIT PAS
Un aller simple	Un aller single, un single
Une chambre simple, pour une personne	Une chambre single, une single

SOLUTIONNER

Solutionner doit sa fortune aux irrégularités de la conjugaison du verbe *résoudre,* dont il est devenu un substitut, ainsi qu'à la tentation d'une dérivation facile : il n'y eut, au xixᵉ siècle, qu'une désinence verbale à ajouter à *solution* pour créer *solutionner.*

Rien d'autre ne le recommande en effet : il est long, lourd, plutôt disgracieux.

On peut lui trouver des équivalents proches, ou user du verbe *résoudre* en le faisant précéder d'un auxiliaire pour plus de facilité. Ainsi on dira *Il va résoudre le problème, Il peut, il pourra résoudre la difficulté* et non *Il solutionnera le problème, Il solutionne la difficulté. Trouver la solution à une question*, et non *solutionner la question. Résoudre une énigme, un meurtre*, et non *solutionner une énigme, un meurtre. On traite, on mène à bien les affaires courantes*, on ne les *solutionne* pas.

SOMPTUAIRE / SOMPTUEUX

Bien que les adjectifs *somptuaire* et *somptueux* aient une étymologie commune, le mot latin *sumptus*, « coût », « dépense », « frais », ils n'ont pas le même sens. *Somptueux* signifie « qui est d'une grande richesse, d'une grande magnificence », alors que *somptuaire* s'emploie au sujet des lois et règlements fixant certaines dépenses. Les *lois somptuaires* existaient en Grèce et surtout à Rome, où on les utilisa pour essayer de maintenir la rusticité et la simplicité des mœurs anciennes : elles visaient essentiellement à limiter les dépenses faites pour la toilette des femmes et pour les banquets.

Pour bien faire la différence entre *somptuaire* et *somptueux*, on se souviendra que, pour parler de dépenses non nécessaires, le code civil de 1804 utilisait, comme synonyme de *dépenses somptuaires*, l'expression *dépenses voluptuaires*.

Un appartement somptueux

Des lois somptuaires

Des dépenses somptuaires

Un appartement somptuaire

Des lois somptueuses

Des dépenses somptueuses

SPOILER

Le verbe anglais *to spoil,* « gâcher », « abîmer », est issu de l'ancien français *espoillier,* lui-même issu du latin *spoliare,* d'où nous viennent les formes actuelles *spolier* et *dépouiller.* Le verbe *spoiler,* croisement bâtard entre l'anglais, par son radical, et le français, par sa terminaison, se rencontre aujourd'hui avec le sens de « gâcher le plaisir », en parlant d'une personne à qui l'on dévoile la fin d'un film, ou les moments les plus intéressants de celui-ci. L'usage de ce terme se répand fâcheusement aujourd'hui, et d'autant plus rapidement que le nombre de séries anglo-américaines diffusées sur nos chaînes, dans lesquelles l'art du suspense est l'un des ressorts essentiels, ne cesse de croître. La construction de cet anglicisme est mal définie en français, puisqu'on le rencontre employé absolument (*Ne spoile pas*), employé avec comme complément d'objet direct le nom de la personne à qui on raconte l'histoire (*Il m'a spoilé*) ou le nom de ce dont on parle (*Il a spoilé le film*). Cet anglicisme peut être aisément évité tout comme le substantif qui en découle, *spoiling* (*Pas de spoiling !*).

ON DIT	**ON NE DIT PAS**
Ne gâchez pas le plaisir / Ne me racontez rien!	Ne spoilez pas!
Ne dites pas la suite, le dénouement du film!	Ne spoilez pas le film!

SPONSOR

Ce nom anglais d'origine latine appartient à une grande famille linguistique dans laquelle on trouve, entre autres, les noms *épouse* et *époux*. Ces mots sont liés, par le biais d'une même racine indo-européenne, au grec *spondê*, qui désigne une libation à valeur contractuelle avec les dieux, racine que l'on retrouve dans le latin *spondere*, «s'engager solennellement», d'où est tiré le substantif *sponsus*, «époux». Notons au passage que le terme de métrique *spondée* est à rattacher à cette même famille puisque le grec *spondéios,* dont il provient, a d'abord désigné une pièce de musique jouée pendant les libations, puis un pied de deux syllabes longues utilisé pour ce genre de mélodie. Le rapport entre les termes *sponsor* et *époux* est donc la notion de promesse: les époux sont ceux qui, à l'origine, ont été promis (on employait encore naguère le terme de *promise* pour désigner la fiancée), et le *sponsor* est celui qui s'engage à fournir une assistance, généralement financière, à toute personne ayant un projet, culturel ou sportif. Le français a depuis longtemps des termes à sa disposition, qu'il serait dommage de ne pas employer, pour rendre compte de ces réalités, parmi lesquels *parrain* ou, si nous sommes dans le domaine artistique, *mécène*. De la même manière, le verbe *parrainer* pourra aisément se substituer au verbe *sponsoriser*.

ON DIT	ON NE DIT PAS
Chercher des parrains, des mécènes	Chercher des sponsors
Être parrainé par tel groupe	Être sponsorisé par tel groupe

SUR UN MÊME PIED D'ÉGALITÉ

Les expressions *sur un pied d'égalité* et *sur un même pied* sont synonymes. Elles signifient que deux personnes traitent d'égal à égal, qu'il n'y a pas, dans l'affaire qui les occupe, de différence hiérarchique, que l'une n'est pas l'inférieure de l'autre. On évitera de commettre un pléonasme vicieux en faisant figurer dans une seule expression *même pied* et *pied d'égalité* qui l'une et l'autre signalent l'identité de niveau, de position évoquée plus haut.

ON DIT	ON NE DIT PAS
Être sur un même pied	Être sur un même pied d'égalité
Être sur un pied d'égalité	

SURRÉALISTE, BAROQUE

Les adjectifs et noms *surréaliste* et *baroque* appartiennent au vocabulaire de la critique littéraire et de la critique artistique. *Salvador Dali et André Breton sont des artistes surréalistes ; Le Bernin est un sculpteur baroque ; Agrippa d'Aubigné est un poète baroque. Baroque* signifiait « bizarre », « étrange », et l'on pouvait parler de *coutume baroque* ou d'*accoutrement baroque.* Mais on évitera de trop affaiblir le sens de ces mots en faisant de leur emploi des tics de langage qui seront utilisés, généralement accompagnés de *complètement* ou *vraiment,* au moindre tracas de la vie quotidienne. On ne dira pas *J'ai dû tourner une heure avant de pouvoir me garer, c'est vraiment surréaliste* ou *Il n'y a que deux guichets ouverts entre midi et deux heures, c'est complètement baroque.*

SUSPECTER POUR SOUPÇONNER

Dans certains cas, les verbes *suspecter* et *soupçonner* peuvent être employés l'un pour l'autre, ce qui n'est guère étonnant puisqu'ils remontent à deux verbes latins qui étaient synonymes. *Suspecter* est en effet emprunté du verbe *suspectare,* « regarder en l'air », puis « suspecter », « soupçonner », qui est le fréquentatif de *suspicere,* « regarder de bas en haut », puis « suspecter », « soupçonner », verbe dont est issu *soupçonner. Suspecter* et *soupçonner* peuvent s'employer l'un et l'autre pour parler de quelque crime ou délit : on dira ainsi indifféremment *On le suspecte* ou *On le soupçonne du crime*. Mais quand le fait évoqué n'est en rien répréhensible, seul le verbe *soupçonner* sera bienvenu.

ON DIT

Je la soupçonne d'avoir un faible pour Dominique

ON NE DIT PAS

Je la suspecte d'avoir un faible pour Dominique

T

TACLER

Ce verbe, propre au football, et emprunté comme bien d'autres au vocabulaire sportif anglais, apparaît souvent dans des emplois figurés où il n'a que faire. *On tacle l'adversaire sur le terrain de sport*, on le dépossède du ballon que l'on repousse du pied par une glissade. Dans un débat politique, une controverse, une polémique, on *s'oppose à lui*, on l'*attaque*, on le *contre*.

TEAM POUR ÉQUIPE

En 1992, les États-Unis décident d'envoyer aux Jeux olympiques une équipe de basket-ball composée, non plus d'universitaires amateurs, mais des meilleurs professionnels. Outre-Atlantique, cette équipe est baptisée *dream team*, l'«équipe de rêve». Cette appellation fera florès, aidée par la victoire de cette équipe aux Jeux de Barcelone et portée par l'assonance qu'elle contient, à tel point que, quelques années plus tard, la presse s'en emparera pour désigner le gouvernement français alors dirigé par Lionel Jospin. Aujourd'hui, *team* se rencontre dans tous les domaines et en particulier dans le monde du travail pour désigner une équipe de personnes travaillant dans la même entreprise ou dans le même service. On se gardera pourtant d'imiter ces exemples et l'on utilisera de préférence à cet anglicisme au genre mal fixé le nom *équipe* ou, dans certains sports, celui d'*écurie*.

ON DIT	ON NE DIT PAS
Je vous présente mon équipe	Je vous présente mon team, ma team
Les deux pilotes de cette écurie ont marqué des points au dernier grand prix	Les deux pilotes de ce team ont marqué des points au dernier grand prix

TEL QUE SUIVI D'UN PARTICIPE PASSÉ

La locution adverbiale *tel que* peut être suivie d'un ou de plusieurs noms : *Des animaux tels que la loutre ou le manchot sont de remarquables nageurs.* Elle peut aussi être suivie d'une proposition : *Ce terme, tel que le* Dictionnaire de l'Académie française *le définit...* ; *Les conditions, telles qu'elles ont été détaillées plus haut...* On évitera, lorsque cette proposition est à la voix passive, de faire l'ellipse du sujet et du verbe conjugué pour ne conserver que le participe passé. Cette tendance, sans doute inspirée du langage juridique (*tel que prévu à l'article tant*), se rencontre trop souvent dans des documents à caractère administratif, et dans la langue courante.

ON DIT

Le contrat, tel qu'il a été établi...

Le texte, tel qu'il a été fixé par l'éditeur

ON NE DIT PAS

Le contrat, tel qu'établi...

Le texte, tel que fixé par l'éditeur...

TIMING

Cet anglicisme s'est d'abord rencontré dans le vocabulaire du sport pour désigner l'occasion qu'avait un boxeur de frapper son adversaire et l'enchaînement qui amenait cette ouverture. *Timing* est aujourd'hui employé en français de façon plus vague et semble être devenu un substitut passe-partout dès lors que l'on évoque des notions temporelles. Préférons-lui des termes précis.

ON DIT

Être en avance sur l'horaire, sur ses prévisions

Trouver le bon rythme, trouver le bon moment

ON NE DIT PAS

Être en avance sur son timing

Trouver le bon timing

TIRET POUR TRAIT D'UNION

Le trait d'union, comme son nom l'indique, est un signe de ponctuation qui sert à relier deux éléments, auparavant disjoints, pour qu'ils ne forment plus qu'une seule entité linguistique. Dans la longue histoire des mots, la liaison par un trait d'union suit généralement la simple juxtaposition et précède la soudure. On voit ainsi dans *Le Voyage de La Pérouse autour du monde* (1797) le terme *portefeuille* encore écrit en deux mots (« le porte feuille de ce peintre »), alors que, depuis 1718, l'Académie française écrivait *porte-feuille* dans son *Dictionnaire,* ce qui montre que les deux graphies ont longtemps cohabité. La forme soudée *portefeuille* entrera dans ce même *Dictionnaire* en 1835.

Le trait d'union sert également à relier deux éléments qui conservent chacun leur autonomie : *le train Paris-Granville.* C'est le trait d'union qui est aussi utilisé pour signaler la coupure d'un mot en fin de ligne.

Il convient de ne pas confondre le trait d'union et le tiret, qui sont d'ailleurs, en typographie, bien distincts. Le tiret sert à isoler différents éléments. On l'utilisera par exemple dans des énumérations sous forme de liste :

Vous devez avoir avec vous :

– votre permis de conduire,

– la carte grise du véhicule,

– le certificat d'assurance du véhicule.

Les tirets peuvent aussi encadrer une incise et annoncer le changement de personnage dans un dialogue.

N'oublions pas, pour finir, que la locution *trait d'union* ne prend jamais de trait d'union.

TOUT À FAIT

La locution adverbiale *tout à fait* signifie « entièrement ». On peut donc l'employer dans des expressions comme : *L'ouvrage est tout à fait terminé* ou *Elle est tout à fait guérie.* Mais il faut s'appliquer à ne pas en faire un synonyme un peu pompeux de *oui.* On ne répondra pas *Tout à fait* à la question *Viendrez-vous avec nous demain ?* Un *oui,* agrémenté éventuellement d'un *volontiers, avec plaisir,* devrait suffire à renseigner les questionneurs.

ON DIT	ON NE DIT PAS
Un verre de vin ? Avec plaisir	Un verre de vin ? Tout à fait
Pouvez-vous me donner l'heure ? Oui	Pouvez-vous me donner l'heure ? Tout à fait
Le patient est-il mort ? Hélas, oui	Le patient est-il mort ? Tout à fait

TOUT DE GO

Contrairement à ce que l'on croit parfois, la locution adverbiale *tout de go,* « directement », « sans préparation », « sans précaution », n'est pas liée au verbe anglais *to go,* « aller ». *Tout de go* est la forme simplifiée de l'expression ancienne *avaler tout de gob.*

Cette forme ancienne *gob* est issue du gaulois **gobbo*, « bec », « bouche ». C'est d'elle encore qu'est dérivé l'ancien français *gobet*, « bouchée », « gorgée », puis « pièce », « morceau ». De ce dernier sens, on est passé à celui de « motte de terre ». Ainsi le français *écobuage,* qui désigne une méthode de fertilisation des sols, n'a rien à voir avec le préfixe *éco-* mais bien avec cette racine *gob-*, puisqu'il vient du poitevin *gobuis,* qui désignait la terre où l'on se prépare à mettre le feu.

De *gob-* dérive aussi bien sûr le verbe *gober,* qui a, au sens propre, le plus souvent comme complément les noms *œuf* (*gober une couple d'œufs,* lisait-on dans la première édition du *Dictionnaire de l'Académie française*), et *huître.* La rapidité avec laquelle on gobe, on avale ces deux aliments, sans même prendre le temps de les mâcher, a fait de *gober* un verbe emblématique de la voracité. Il suffit pour s'en convaincre de lire La Fontaine : si, dans *L'Huître et les Plaideurs,* c'est bien une huître qui est gobée (« *Celui qui le premier a pu l'apercevoir / En sera le gobeur* »), il est nombre de fables où les proies sont de tout autre nature. On lit dans *Le Chat et un vieux rat* :

« *Le pendu ressuscite, et sur ses pieds tombant, / Attrape les plus paresseuses. / Nous en savons plus d'un, dit-il en les gobant : / C'est tour de vieille guerre…* »

Dans *Les Grenouilles qui demandent un roi* :

« *Le Monarque des Dieux leur envoie une Grue, / Qui les croque, qui les tue, / Qui les gobe à son plaisir…* »

Dans *Le Berger et son troupeau* :

« *Quoi ? toujours il me manquera / Quelqu'un de ce peuple imbécile ! / Toujours le Loup m'en gobera !* »

L'image de l'animal ouvrant une large gueule pour engloutir ses victimes a donné naissance à une autre, plus douce, du rêveur bouche bée qui, lui, ne gobe que la lune, les mouches ou le vent.

En revanche, c'est bien l'idée de voracité, de rapidité, parfois imprudente, que l'on retrouve dans des expressions comme *gober le morceau, gober l'appât,* au sens de « mordre à l'hameçon ». De la même manière que le mangeur ne prend ni le temps de goûter ni celui de mâcher, le naïf ne prend pas le temps de réfléchir. Arnolphe s'écrie ainsi dans *L'École des femmes* : *« Je ne suis pas homme à gober le morceau / Et laisser le champ libre aux yeux d'un damoiseau. »*

On peut supposer que ce sont ces expressions qui sont à l'origine du sens qu'a également le verbe *gober* de « croire naïvement tout ce que l'on dit », et c'est à partir de cet emploi et par redoublement expressif de la première syllabe du verbe que la langue populaire a créé le nom *gogo* pour désigner un naïf, une dupe victime de sa crédulité.

TRAFIC POUR CIRCULATION

Le nom *trafic* est d'abord, en moyen français et jusqu'au XVIIe siècle, un synonyme de « négoce ». Il s'est ensuite spécialisé pour désigner un commerce illicite et c'est ce sens qu'il revêt principalement en français moderne : on a parlé de *trafic d'indulgences,* on parle de *trafic d'armes, d'esclaves, de stupéfiants.* Il désigne aussi le fait de monnayer un bien moral, surtout dans la locution *trafic d'influence.* Le second sens que nous lui connaissons, celui de mouvement, de flux de véhicules, est plus tardif (il apparaît au milieu du XIXe siècle) et vient de l'anglais *traffic,* qui l'avait lui-même emprunté au moyen français par une sorte de métonymie, le commerce impliquant un mouvement, un va-et-vient entre argent et marchandises. On parle donc de *trafic ferroviaire, maritime, aérien,* etc. Mais *traffic* en anglais désigne aussi une circulation intense d'automobiles : le recours à cet anglicisme dans ce cas précis est à proscrire.

ON DIT

Il y a beaucoup de circulation, une circulation dense, importante, sur l'autoroute

Être bloqué dans les embouteillages

ON NE DIT PAS

Il y a du trafic sur l'autoroute

Être bloqué dans le trafic

U

U 15, U 16, ETC., POUR MOINS DE 15 ANS, MOINS DE 16 ANS

Le monde du sport est friand d'anglicismes, sans doute parce que nombre de sports sont nés et se sont développés outre-Manche et outre-Atlantique. Si certaines formes sont depuis longtemps acceptées dans notre langue, il en est d'autres qui sont parfaitement inutiles. Naguère les jeunes sportifs étaient répartis en catégories d'âge aux noms évocateurs. On était *poussin*, puis *benjamin, minime, cadet, junior, espoir* avant d'être *senior*. Chacun de ces âges, à l'exception bien sûr du dernier, durait deux ans. Depuis peu, ces appellations disparaissent et les jeunes sportifs sont strictement regroupés par âge, ceux de moins de 15 ans, de moins de 16 ans. Si on peut comprendre cette volonté de resserrer les limites des catégories, on ne peut que déplorer que nombre de documents officiels ne présentent ces jeunes athlètes qu'avec l'anglicisme *U* (pour *under*) *15, U 16*.

UNE OSSATURE BOIS, DES BACS ACIER

On trouve dans la langue française d'assez nombreux groupes nominaux, le plus souvent des locutions figées, formés de deux noms dont le second est apposé au premier : on parle ainsi de *crapaud accoucheur,* de *lit bateau,* de *verre cathédrale* ou encore d'*épeire diadème.* Ceux-ci sont toutefois beaucoup moins fréquents que les tours prépositionnels parce qu'ils conviennent moins au génie de la langue française. Aussi évitera-t-on de remplacer systématiquement les constructions prépositionnelles par des constructions appositives. Si, en effet, ces dernières tournures peuvent convenir pour des petites annonces facturées en fonction du nombre de signes utilisés, il convient de ne pas en faire une mode comme cela semble parfois être le cas dans certains domaines liés, le plus souvent, à l'architecture ou à la décoration. On dira donc des *lames d'acier* ou *en acier,* et non des *lames acier.* On se souviendra néanmoins que cette construction est autorisée quand c'est le nom d'une couleur dont on fait l'ellipse : une *moquette gris acier* ou, elliptiquement, *une moquette acier.*

ON DIT	ON NE DIT PAS
Des bacs en acier, des bacs d'acier	Des bacs acier
Une ossature en bois, en fer	Une ossature bois, fer
Une structure métallique	Une structure métal

UPDATER

Le vocabulaire de l'informatique est un grand pourvoyeur d'anglicismes, qui risquent de s'étendre à la langue courante. Parmi ceux-ci, le verbe *updater*, emprunté de l'anglais *to update*, « mettre à jour », « moderniser », « améliorer ». Pourquoi ne pas utiliser, en fonction des circonstances, l'un ou l'autre de ces trois verbes ?

ON DIT	ON NE DIT PAS
Mettre à jour un ordinateur, des fichiers	Updater un ordinateur des fichiers
Actualiser des logiciels	Updater des logiciels

V

LE VÉCU, LE RESSENTI

Au rang des tics de langage figure l'emploi substantivé des participes passés, par lequel on pense créer des notions nouvelles. Il en va ainsi lorsqu'on parle de *son vécu* et de *son ressenti*.

VÉTILLEUX, POINTILLEUX

Il y a une notion d'excès dans ces deux termes. Est *vétilleux* ou *pointilleux* celui qui élève des difficultés sans fondement sur des choses insignifiantes – *vétilles, bagatelles* ou *broutilles*, qu'on appelait également, en ancien français, *pontilles* ou *pointilles* –, celui qui ergote, ou « pinaille » comme on dit plus familièrement. Malherbe, au XVIIe siècle, fustige « *ces pointilleux si déliés, qui oublient de faire, tant ils sont empêchés à parler* ». *Vétilleux, pointilleux* qualifient donc ceux dont on redoute l'autorité tatillonne, à qui l'on attribue de l'acharnement à entrer dans les plus petits détails : *censeur, critique, examinateur, baderne* sont les noms auxquels ils sont le plus couramment associés.

VINTAGE

In vino veritas, dit le proverbe ; dans le vin aussi l'origine de *vintage.* Ce nom anglais est en effet dérivé de *vint(ner),* lui-même emprunté de l'ancien français *vinetier,* « vigneron ». *Vintage* qualifie d'abord un porto d'une cuvée particulière ou d'un millésime particulier. Cet emploi, correct quand il désigne un porto, ne doit pas, par extension, qualifier tel ou tel objet qui, comme les grands crus, aurait pris de la valeur en vieillissant. C'est en ce sens que cet adjectif tend à se répandre en français ; on préférera le remplacer par la locution adjectivale *d'époque* ou, si l'on veut garder la métaphore vinicole, par l'adjectif *millésimé.*

ON DIT

Une voiture d'époque

Un sac des années 1950

ON NE DIT PAS

Une voiture vintage

Un sac vintage

VISITER SON ONCLE

Le verbe *visiter* s'emploie, dans certaines tournures figées, avec, comme complément d'objet, un nom de personne. Dans ce cas, les personnes désignées sont en situation de souffrance et leur rendre visite est une marque de compassion. On dit ainsi *visiter les malades, visiter les prisonniers*. En dehors de ces contextes précis, il est d'usage aujourd'hui d'employer des locutions verbales avec le nom *visite* et de conserver *visiter* pour des objets, des monuments.

ON DIT

Rendre (une) visite à son oncle

ON NE DIT PAS

Visiter son oncle

VISUEL AU SENS D'IMAGE

Visuel est un adjectif vieux de presque cinq cents ans, mais ce n'est qu'à la fin du xixe siècle qu'on en fit un nom. Il fut employé par les psychologues Alfred Binet et Victor Henri pour désigner un individu chez qui le sens de la vue prédomine. Au début du xxe siècle, il est utilisé en sport pour désigner, au tir, le centre de la cible et, depuis les années 1970, ce même nom désigne, en informatique, le dispositif d'affichage sur un écran et, enfin, l'écran lui-même. Ces extensions, conformes au procédé d'enrichissement de notre langue, sont parfaitement légitimes. Si *visuel* est entré et est accepté dans le monde de la communication pour désigner tout ce qui ressortit à la confection d'un support visuel, comme le choix des illustrations, de la couleur et de la police des textes, etc., on se gardera d'en abuser dans la langue courante, en particulier quand des termes précisant la nature du support visuel comme *tableau, image, affiche, schéma,* etc., seraient plus pertinents.

VOILÀ

Les présentatifs *voilà* et *voici* sont composés de l'indicatif *voi*, forme ancienne de *vois*, et des adverbes *là* ou *ci*. On les rencontrait aussi jadis formés avec la 2e personne du pluriel, ce qui donnait des formes comme *vezci*. *Voilà* sert à présenter ce qui est éloigné ou ce qui est passé et *voici*, ce qui est proche ou à venir. On dira ainsi *Voilà ce que vous avez fait, voici ce qui reste à faire.* On pourra présenter une personne en disant *Voici l'ami dont je vous ai parlé* et conclure un propos par *Voilà ce que j'avais à vous dire.* Ce sont les emplois corrects de ces présentatifs. Il convient de ne pas en faire une forme d'adverbe de phrase servant à introduire ce que l'on va dire ou à signaler que l'on n'a rien à ajouter.

ON DIT

Nous voudrions vous parler

J'arrive demain

Il m'a dit que j'exagérais

ON NE DIT PAS

Voilà, nous voudrions vous parler

J'arrive demain, voilà

Voilà, il m'a dit que j'exagérais

POSTFACE
Les jeunes et les mots

On dit que les jeunes ne lisent plus. (Je sais que l'Académie critique cet emploi du mot « jeunes » ; elle a tort selon moi, ce mot marquant bien qu'entre les jeunes et les moins jeunes il n'y a pas seulement une différence d'âge, mais une rupture dans les façons d'être et les manières de penser, un changement de civilisation.) Donc, dans la civilisation des jeunes, on ne lit plus. C'est vrai en gros, malgré de nombreuses exceptions qui assureront la survie du livre. Les jeunes ne lisent plus, mais pour peu qu'on leur en donne l'occasion, ils s'enflamment pour les mots. J'en ai fait l'expérience en faisant visiter les locaux de l'Académie française à une classe de seconde. (Tiens ! pourquoi dit-on « seconde » pour les classes de lycée, et non « deuxième », alors que « second » ne devrait être utilisé que pour une série qui s'arrête à deux éléments ? Voilà un sujet à explorer pour un troisième *Dire, ne pas dire.*)

Une vingtaine de garçons et filles, amenés par leur professeur (St-C., exceptionnellement brillant, aimé de ses élèves, écrivain lui-même et champion du mot juste), se sont présentés 23, quai de Conti, devant la passerelle des Arts, en face de l'hémicycle sur le front de Seine. Tout de suite impressionnés par la beauté et du lieu et de l'édifice, ils m'ont suivi dans la salle où nous nous réunissons le jeudi, sous le portrait du cardinal de Richelieu. Qu'une salle aussi auguste et solennelle fût réservée à l'étude de la langue française, ils n'auraient jamais cru une telle chose possible. Qu'un mot, que chaque mot occasionnât une longue discussion, encore moins. Quand je leur eus raconté que nous avions proposé pour illustrer le mot « renifler » l'exemple suivant : « L'ours renifle à six kilomètres », et que M. Giscard d'Estaing (seul chasseur parmi nous) avait qualifié d'absurde cet exemple, en disant : « Tout dépend d'où vient le vent », ils éclatèrent de rire. Ainsi, le mot n'était pas seulement une pièce de la langue, un rouage de la machine à parler, à écrire, mais pouvait être aussi le personnage d'une aventure amusante. Le mot était quelque chose de vivant et de drôle. La littérature, le livre, faits de mots, étaient aussi ouverts et aérés qu'un terrain de sport. Et lorsqu'ils eurent vu l'endroit précis que Victor Hugo avait occupé dans cette salle pendant quarante-quatre ans (chaque académicien a une place avec son nom gravé, place dont il ne bougera plus), ils comprirent que le plaisant des mots n'ôtait rien à leur majesté.

La bibliothèque, visitée ensuite, les laissa muets de stupeur. Tant de livres, dans un cadre si somptueux ! C'était un temple, une église, un lieu vraiment sacré. Seulement dans un lieu de culte ils avaient constaté un respect aussi religieux de ce qui y est conservé. De là nous gagnâmes la coupole. Ils furent moins sensibles à l'évocation des cérémonies, des costumes, des épées (matière en effet obsolète, et pas seulement pour eux) qu'à l'idée qu'un décor aussi magnifique servait d'écrin et de parure aux mots. La coupole, cette salle ronde, ce cercle qui a la perfection d'une sphère, arène idéale pour l'affrontement de l'homme et des mots !

Les mots ! Le dictionnaire ! La langue française ! Une forêt d'arbres ne leur aurait pas semblé pouvoir leur réserver plus de surprises et d'émotions. Je ne leur citais pas des mots rares, mais très simples au contraire, des tournures usuelles qu'ils ignoraient et n'avaient aucune peine à assimiler. On ne dit pas *travailler sur Paris* (sauf en hélicoptère) mais *travailler à Paris*, ni *relever un challenge* mais *relever un défi*, ni *le pressing* des footballeurs pour la *pression* exercée sur eux, voilà des exemples qui leur plurent. *Florilège* au lieu de *best-of* les enchanta. Les « bonheurs de la langue » : pures joies, comme *fils d'archevêque* ou *être né avec une cuiller d'or dans la bouche*. Si leur langage est si pauvre, c'est qu'il est copié sur celui des médias, premiers responsables de la dégradation de la langue française. Ils le comprirent d'instinct, et regardèrent avec encore plus d'affection leur professeur avec qui, hélas, ils passaient beaucoup moins de temps au lycée que chez eux devant la télévision ou scotchés à Internet (« Non, non, nous ne dirons plus *scotchés* mais *collés, rivés* ! »). Ils promirent également de n'entrer plus jamais dans *un shop* mais de faire leurs courses dans *une boutique*.

S'aviser que leur réservoir de mots pouvait s'enrichir et leur vocabulaire s'affiner sans qu'ils soient obligés de se spécialiser dans l'étude du lexique, découvrir qu'ils pouvaient améliorer leurs manières de s'exprimer et que leurs relations avec leur petit(e) ami(e) y gagneraient en compréhension mutuelle, tendresse et douceur, rien de tout cela ne les laissa indifférents.

Tous voulurent se faire un « selfie » devant la statue de La Fontaine ou de Molière. Or, le matin même, la Commission du Dictionnaire avait appris que les Canadiens avaient substitué à cet anglicisme un néologisme français : « égoportrait ». Invention ravissante, à mon sens, chargée d'une ironie affectueuse envers le narcissisme que suppose une telle pratique. Je mis le mot aux voix. « Que préférez-vous, demandai-je aux élèves, selfie ou égoportrait ? » Je m'attendais à une victoire du selfie. Unanimes, ils votèrent pour égoportrait. Ils ont le sens de la langue. Stendhal eût été enchanté, lui qui avait forgé le mot « égotisme ».

Il fallait bien, quand même, que la question pour moi embarrassante fût posée. « Et que faites-vous, monsieur, de notre langage ? » J'étais gêné, car si je trouve, pour ma part, que le fameux « langage des jeunes » abonde en expressions savoureuses, rapides, éloquentes, je sais que notre Compagnie lui est hostile et refuse d'en admettre dans le Dictionnaire même les termes les plus réjouissants, tels *kif* ou *bombasse*. A-t-elle raison, sur le motif que l'argot évolue cent fois plus vite que la confection nécessairement laborieuse du Dictionnaire ? A-t-elle tort, étant donné que le langage appartient aussi à ceux qui le parlent ? Le problème, qui reste ouvert, prouve en tout cas que si les « jeunes » ont beaucoup à apprendre des moins jeunes, ceux-ci feraient bien de ne pas se boucher les oreilles aux revendications de ceux-là.

Dominique Fernandez

TABLE

C

D

E

F

G

H

I-J

L-M-N

O

P-Q

T

U

V

Cet ouvrage a été achevé d'imprimer
en août 2015 dans les ateliers de
CPI Firmin Didot

N° d'imprimeur : 129016
Dépôt légal : septembre 2015
ISBN 978-2-84876-472-6
Imprimé en France